AF309248

UNIVERSITÉ DE FRANCE

FACULTÉ DE DROIT DE PARIS

DROIT ROMAIN

LE LUXE ET LES LOIS SOMPTUAIRES

ÉCONOMIE POLITIQUE

DE

L'INFLUENCE DU LUXE

SUR LA RÉPARTITION DES RICHESSES

THÈSE POUR LE DOCTORAT

PRÉSENTÉE ET SOUTENUE

Le jeudi 28 juin 1888, à 1 heure

PAR

Paul DUBOST

M. CAUVÈS *Président*

Suffragants :
{ MM. DEMANTE,
BEAUREGARD, } *professeurs.*
CHAVEGRIN. *agrégés.*

Le candidat répondra, en outre, aux questions qui lui seront faites sur les autres matières
de l'enseignement

PARIS

IMPRIMERIE DES ÉCOLES

HENRI JOUVE

23, RUE RACINE, 23

1888

A LA MÉMOIRE DE MON PÈRE

A MA MÈRE

DROIT ROMAIN

LE LUXE ET LES LOIS SOMPTUAIRES

ÉCONOMIE POLITIQUE

DE

L'INFLUENCE DU LUXE

SUR LA RÉPARTITION DES RICHESSES

THÈSE POUR LE DOCTORAT

PRÉSENTÉE ET SOUTENUE

Le jeudi 28 juin 1888, à 1 heure

PAR

Paul DUBOST

M. CAUVÈS *Président*

Suffragants : { MM. **Demante**, **Beauregard**, **Chavegrin**. } *professeurs.* *agrégés.*

Le Candidat répondra, en outre, aux questions qui lui seront faites sur les autres matières
de l'enseignement

PARIS

IMPRIMERIE DES ÉCOLES

HENRI JOUVE

23, RUE RACINE, 23

1888

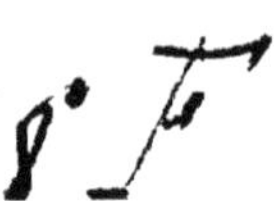

A LA MÉMOIRE DE MON PÈRE

A MA MÈRE

DROIT ROMAIN

LE
LUXE ET LES LOIS SOMPTUAIRES

INTRODUCTION

Le luxe fut toujours à Rome affaire d'État ; les magistrats se crurent toujours le droit de contrôler les mœurs et de réprimer le luxe. De cette conception du rôle de l'État sont sorties en droit romain toute une série de mesures sans analogue dans nos législations modernes, et dont l'analyse forme l'objet de ce travail.

Très diverses de nature et de procédés, ces mesures présentent toutes ce caractère commun de régler la vie privée des citoyens. L'autorité du magistrat romain ne s'arrêtait pas en effet au seuil du domicile ; elle suivait le citoyen jusque dans sa maison. Macrobe, faisant l'histoire des lois rendues sous la République, pour régler les dépenses de table des particuliers, ajoute, comme une conséquence toute naturelle, que pour en assurer l'application on dût ordonner de dîner et de souper portes ouvertes (1) ; et Suétone raconte que lorsque César entreprit de restaurer les mœurs et de faire revivre les lois somptuaires, il envoyait des licteurs et des soldats saisir jusque sur les tables les mets défendus, qui avaient échappé à la vigilance des gardes du marché (2).

Tout cela choque nos idées modernes, et notre façon de concevoir les droits et les devoirs de l'État. Il ne faut cependant pas oublier, en étudiant ces mesures somptuaires, qu'elles n'avaient nullement aux yeux des Romains le caractère odieux et vexatoire, que nous sommes tentés de leur prêter. La distinction de la vie publique et de la vie privée était dans l'antiquité beaucoup moins nette et beaucoup moins tranchée qu'aujourd'hui ; et ce qui nous paraîtrait inquisition insupportable n'était aux yeux des contemporains de Caton ou de César que l'exercice légitime du droit le plus incontestable de l'État. Disons mieux, la surveillance des mœurs et la répression du luxe étaient un devoir pour les magistrats.

On sait que ce devoir fut confié à deux magistrats spéciaux, les censeurs. Nous reviendrons plus loin sur les attributions des censeurs et sur les procédés par lesquels s'excerçait cette inspection de la vie privée, ce « *regimen morum* » ; remarquons seulement dès à présent que le principe même de la censure ne fut jamais contesté à

1. « *Et imperari cœpit ut patentibus januis pransitaretur et cœnitaretur; sic oculis civium testibus factis, luxuriæ modo fieret.* » *Saturn* II, **13.**

2. Suétone. *Cæsar.* ch. **43.**

Rome. A la fin de la République, au moment même où les lois somptuaires sont le plus ouvertement violées et le plus manifestement impuissantes, nous voyons les comtemporains d'Antoine et de Lucullus admettre sans hésiter l'existence et les fonctions des censeurs.

Et ce n'est pas une vieille institution que l'on conserve par respect pour des traditions surannées, c'est un rouage nécessaire de l'Etat, un organe essentiel de la république idéale dont Cicéron a tracé ce tableau dans son « *De Republica* ». Qu'il y ait deux censeurs, dit-il, qu'ils contrôlent les mœurs « *mores populi regunto* (1) »

La légitimité des lois somptuaires ne paraît pas moins évidente ; c'est vers la même époque qu'un sénateur, Duronius, est dégradé pour avoir osé proposer l'abrogation de la loi Licinia, qui réglait le luxe et les dépenses de table (2). Un siècle plus tard, au commencement de l'empire, Pline l'ancien, traitant des marbres et parlant des dépenses énormes qu'on faisait de son temps pour les faire venir des pays les plus éloignés, s'écrie : « En faisant ces réflexions on est pris d'une grande honte, même pour l'antiquité. Il existe des lois censoriales défendant de servir sur les tables des glandes de porc, des loirs et autres délicatesses inutiles à mentionner ; et aucune n'a été rendue qui défendit d'importer les marbres et de traverser les mers pour ces objets. Mais, dira-t-on peut-être, c'est qu'alors on en importait point. Cela est faux. Du temps de l'édilité de Marcus Scaurus, on vit porter

1. *De Legibus III, 3.*
2. Valère Maxime, III, 9.

360 colonnes pour décorer un théâtre temporaire destiné à servir un mois tout au plus, et les lois se sont tues! C'était sans doute indulgence pour les plaisirs publics. Mais justement, pourquoi cette indulgence, par quel chemin les vices s'introduisent-ils plus que par le chemin public? (*Id ipsum cur? aut qua magis via irrepunt vitia quam publica?*)

A la vue d'un si mauvais exemple n'était-ce pas le cas de veiller à la conservation des mœurs? Cependant les lois se turent quand ces masses énormes, amenées dans une maison particulière, passèrent devant le faîte en argile des temples des dieux (1). »

Le droit de l'état à contrôler le luxe ne fut donc jamais mis en doute à Rome. Si, à de certaines époques, les lois somptuaires tombent en désuétude, et si l'état semble se désintéresser du luxe privé, c'est qu'il doute non de son droit mais de sa puissance, et qu'il s'abstient d'édicter des lois qu'il désespère de pouvoir faire appliquer (2).

Cette conception particulière du droit de l'Etat sur la vie privée, commune à presque tous les peuples de l'antiquité, tient, à Rome au moins, à des causes assez diverses. Il faut d'abord remarquer que, bien que moins extérieure que la vie du citoyen d'Athènes, la vie du Romain est presque toute en dehors, dans les premiers temps au moins. Son champ à cultiver aux portes de Rome, la guerre presque chaque année, et, dans les rares loisirs

1. *Histoire natur*. XXXVI. 2. Traduction Littré Cpr. Valère Maxime II, 9, *De la sévérité de la censure*.

2. Cpr. la curieuse lettre de Tibère au Sénat, Tacite *Annales*. III, 53 et suiv. sur laquelle nous reviendrons au chapitre IV.

que lui laissent le service militaire et l'agriculture, les délibérations du forum, la brigue ou l'exercice des magistratures, le soutien des procès qu'elles entraînent après elles (1) tout cela doit laisser assez peu à la vie privée et au foyer domestique. D'où la prédominance, dans les lois comme dans les faits de la vie publique ; le Romain est avant tout citoyen, membre de la société politique, dont les intérêts et la puissance sont la chose capitale et devant laquelle tout doit céder.

Ajoutez à cela que la religion qui, quelques grossières que soient sa forme et ses croyances, a toujours avec la morale un lien étroit et sur les mœurs un empire puissant, est toute entière à Rome question d'état ; elle est nationale, c'est-à-dire qu'elle est absorbée dans la constitution politique dont elle forme une partie intégrante et essentielle. Les premiers législateurs et les premiers magistrats sont des prêtres ou des demi-dieux, comme Romulus et comme Numa. Et quand le pouvoir passe en des mains profanes, il garde son caractère religieux et moral.

Il est donc aisé de comprendre que les Romains, plus près d'ailleurs de l'origine des sociétés et de la communauté primitive des biens (2) en aient gardé la tradition plus fidèle. On sait que la première société fut la famille.

1. Plutarque rapporte que Caton l'Ancien fut après sa fameuse censure en butte à des procès innombrables « il fut accusé, dit-il, près de cinquante fois et à la dernière il avait 86 ans ». *Vie de Caton*, ch. 22.

2. On sait que les historiens anciens ont placé dans les premiers temps de Rome plusieurs partages succesifs des terres, d'abord par Romulus (Varron. *De lingua latina* V, 55), puis par Numa. (Cicéron *De Rep.* II 12. Plutarque. *Vie de Numa* 16)

Assez longtemps la sociéte romaine ne fut qu'une agglomération de familles. Tous ces souvenirs encore vivants rendaient plus difficile l'isolement de l'individu. Aussi l'être isolé, séparé de la famille et de la cité, est-il considéré comme dévoué à tous les maux. L'émancipation qui sera plus tard un bienfait est à l'origine une peine, et l'exil, qui brise entre le citoyen et l'état tous les liens, le plus terrible des châtiments. L'individu tire tout de la société : il lui doit tout, fortune, puissance, protection des dieux par sa participation au culte national ; il est naturel qu'il lui reconnaisse en retour plus de droits.

Remarquons enfin que le problème du luxe, si compliqué dans nos sociétés modernes à cause des effets du luxe sur la répartition, n'existait pas à Rome ; le travail servile suffisait amplement, au moins jusqu'aux premiers siècles de l'Empire, à satisfaire à la demande de travail du luxe. Quant aux objets d'origine étrangère, ils étaient payés presque uniquement en métaux précieux, le commerce national n'était donc pas intéressé au luxe (1. Aussi, le contrôle de la vie privée une fois reconnu aux magistrats, ils ne devaient pas hésiter à réprimer l'accroissement du luxe dont les effets moraux mauvais existaient seuls. C'est ce qu'ils firent, tant qu'ils ne furent pas ou corrompus ou impuissants. Le parti des lois somptuaires à Rome fut le parti de l'honnêteté.

Une dernière observation à faire avant d'entamer l'énumération des lois somptuaires romaines, c'est que

---

1. Pline estime à 50 millions de sesterces l'importation annuelle des aromates et des épices de l'Inde. *Hist. Nat.* VI, 26.

nous sommes loin de posséder l'ensemble des mesures par lesquelles on essaya de réprimer le luxe à Rome. Pour les lois somptuaires proprement dites, c'est le plus souvent par une phrase incidente des auteurs classiques jetée au milieu d'un développement ou d'un tableau, que nous connaissons l'existence et le sommaire des dispositions d'une loi somptuaire. Les historiens ne les mentionnent guère qu'en passant et pour caractériser plus complétement une époque ou un personnage.

Deux auteurs, il est vrai, semblent avoir tenté de faire une sorte de nomenclature des lois somptuaires ; Macrobe intitule un des chapitres de ses Saturnales : « *De legibus latis contra luxuriam veterum romanorum* » (1) ; et, dans les nuits Attiques d'Aulu Gelle, il y a un chapitre qui porte ce titre « *De vetere parcimonia deque antiquis legibus somptuariis* » (2). Mais dans ces deux passages très courts, il n'y a qu'une énumération très rapide et incomplète, nous le verrons, des principales lois somptuaires de la République.

Et puis surtout il faudrait, pour avoir une idée complète des mesures opposées à l'accroissement des dépenses et du luxe par la vieille austérité Romaine, pouvoir tenir un compte exact pour chaque époque soit de l'influence très puissante à l'origine des mœurs et de l'opinion publique, soit de l'action des censeurs qui au moins jusqu'à l'époque de Sylla, conservèrent une autorité considérable, soit enfin pour l'époque impériale de l'empire de l'exemple du

1. II. 13.
2. II. 24.

prince. Sur l'action de cet exemple des empereurs nous avons le témoignage de Tacite ; il constate la diminution du luxe de la table sous le règne de Vespasien, et il ajoute: « le principal auteur de la réforme fut Vespasien, qui à sa table et dans ses vêtements donnait l'exemple de la simplicité antique. Le désir de plaire au prince et l'empressement à l'imiter furent plus efficaces que la crainte des lois et des châtiments » (1)

Les lois somptuaires que nous allons étudier ne forment donc pas tout l'ensemble du système de répression du luxe à Rome ; bien loin de là, elles n'en sont qu'une partie isolée et souvent la moins efficace. Ce qui en fait l'intérêt c'est qu'elles constituent les effets les plus saillants de cette action régulatrice des mœurs, de ce *regimen, morum*, que l'état romain n'abdiqua jamais.

3. « *Sed præcipuus adstriciti moris auctor Vespasianus fuit* » Tacite. *Annales* III, 55, traduction Burnouf.

CHAPITRE PREMIER

LA LOI DES XII TABLES

I — C'est surtout au début de l'histoire romaine que l'action puissante des mœurs et de l'état social rendent les lois somptuaires presque inutiles. Et, de fait, celles que nous allons rencontrer dans cette première période sont moins somptuaires que politiques; c'est la vie publique bien plus que la vie privée qu'elles règlent.

Et en effet, quel luxe véritable pouvait-on rencontrer dans cette petite agglomération de paysans ou de maraîchers qui constitue la cité romaine primitive. Un petit champ, presque un jardin, un ou deux esclaves, un toit de chaume voilà la fortune des consuls et des dictateurs des premiers temps de la république (1). La nourriture est grossière : une pâte de farine délayée qu'on mange toute crue (2), quelques fèves et aux jours de grande fête un peu de lard, tel est l'ordinaire des ancêtres d'Antoine et de Lucullus. Ecoutez Ovide :

Pinguia cur illis gustentur larda kalendis,

Mixtaque cum calido sit fabe farra, rogas ?

(1). « *Nullum aut admodum parvi ponderis argentum, paucos servos, septem jugera aridæ terræ* » dit Valère Maxime IV, 4. Cpr. Dureau de la Malle. *Economie Politique des Romains,* tom. I, p 240 et 271.

2. Pline, *Hist. Nat.* 18 19.

Prisca dea (1) est, aliturque cibis quibus ante solebat ;
    Nec petit adscitias luxuriosa dapes.
Piscis adhuc illi populo sine fraude natabat,
    Ostreaque in conchis tuta fuere suis.
Nec Latium norat quam præbet Ionia dives,
    Nec, quæ Pygmœo sanguine gaudet, avem ;
Et præter pennas, nihil in pavone placebat.
    Nec tellus captas miserat ante feras.
Sus erat in pretio : cœsa sue festa colebant,
    Terra fabas tantum duraque farra dabat (2). »

Les métaux précieux étaient très rares. Pline nous rapporte que lorsque les Gaulois eurent pris Rome et qu'on voulut acheter la paix, on ne put ramasser que mille livres d'or « *Romæ ne fuit quidem aurum nisi admodum exiguum longo tempore. Certe quùm a Gallis capta urbe pax emcretur non plus quam mille pondo potuisse effici* » (3).. Au veme siècle de Rome posséder dix livres d'argenterie était chose si extraordinaire qu'il n'en fallut pas plus pour faire rayer des listes du Sénat Cornélius Rufinus, ancêtre de Sylla, général distingué, qui avait

1. La déesse Carna.

2. Ovide *Fastes*, VI, vers 169 et suivants ; ce passage est curieux parce qu'on n'y trouve ni les exagérations, ni le parti pris d'opposer aux excès du temps présent la simplicité des temps antiques, qui rendent si suspect ce que Sénèque nous dit des premiers temps de Rome. Ovide cherche simplement à expliquer, historiquement un usage que l'on ne comprend plus de son temps. Voyez cependant Sénèque *Consol ad Helviam* ch. 12 Valère M. IV, 4.

3. *H. N.* XXXIII. 5.

été dictateur et deux fois consul. Florus qui rapporte le trait fait remarquer que c'était l'époque où Curius Dentatus préférait sa vaisselle de terre à tout l'or des Samnites (1). « Rome, dit M. Joachim Marquardt. pendant trois cents ans a fait le commerce sans monnaie ; puis pendant cent quatre-vingts ans, elle s'est servie d'une monnaie de cuivre brut si incommode, que pour les paiements importants, il fallait des chariots pour effectuer les transports. Alors fût mise en circulation la monnaie d'argent, mais à la vérité sous forme de petites pièces, tandis qu'en Grèce ce genre de monnaie comprenait des fractions quatre fois plus grandes des tétradrachmes. Enfin vers la fin de la république on vit apparaître la monnaie d'or qui se maintint pendant toute la durée de l'empire » (2).

1. « *Quum Curius fictilia sua Samnitico præferret auro, Fabricius decem pondo argenti circa. Rufinum, consularem virum quasi luxuriam, censoria gravitate damnaret* » I 18 Cpr. Valère Maxime II 9 et Aulu-Gelle IV 8. Ce dernier auteur rapporte quelques traits de ce Rufinus et en trace le portrait suivant : il était, dit-il, « *ma-nu quidem strenuus et bellator bonus, militaris que disciplinæ pe-ritus, sed furax homo et avaritia acri erat* ».

2. *Manuel des Antiquités Romaines de* Th. Mommsen et J. Marquardt Tome X. *De l'organisation financière chez les Romains.* Traduction Albert Vigué, 1888, p 1.

Il faut remarquer cependant que Plutarque place les orfèvres χρυσόχοοι parmi les corps de métiers institués par Numa (*Vie de Numa* ch. XVII). Mais ni Denys d'Halicarnasse ni Tite-Live ne parlent des orfèvres même à propos de la classification de Servius Tullius. Cpr. sur ce point Pastoret : Recherches sur le commerce et le luxe des Romains, *Mémoire de l'Académie des Inscriptions* Nouvelle série, tom. III, p. 298

Aussi, à cette époque primitive, est-on bien loin des coupes d'or enrichies de pierrerie, qu'Antoine rapportera d'Egypte et dont il acclimatera l'usage (1) ; la vaisselle est de terre :

« *Lautus erat Tuscis Porsenna fictilibus* » dit Martial (2).

Avec une vie aussi simple, disons le mot, aussi pauvre, le luxe devait être à peu près inconnu dans les premiers siècles de Rome. La pauvreté n'eût-elle empêché les dépenses, que l'organisation sévère de la cité et de la famille romaine eût rendu toute loi somptuaire inutile. Chaque membre de la petite société romaine est connu et surveillé par ses concitoyens : Rome est une petite ville où nul n'échappe aux regards et au contrôle publics. S'agit-il d'un acte important de la vie juridique, le Romain ne peut le faire sans le concours et, à l'origine au moins, sans la permission de ses concitoyens. Le testament se fait devant les comices « *calatis comitiis* », qui en gardent le souvenir et qui l'approuvent par une loi « *lex curiata* » La mancipation exige le concours de cinq témoins pubères et citoyens romains ; l'*in jure cessio* est une décision de la puissance publique (3).

Enfin, ce qui est de la plus haute importance pour tout ce qui regarde le luxe, la femme romaine n'est pas

1. Pline IX, 59. XXXIII 1. « *turba gemmarum potamus et smaragdis teximus calices ; ac temulentiæ causa tenere Indiam juvat : et aurum jam accessio est* ».

2. XII, Epigr 98.

3. Ces deux modes d'aliénation sont antérieurs aux XII Tables « *et mancipationem et in jure cessionem lex XII Tabularum confirmat* » dit Paul. *Fragm. Vaticana,* n° 50.

libre. Fille *in potestate* ou *in tutela*, femme *in manu*, elle ne peut disposer de sa fortune; son influence sur les dépenses de luxe, bien que réelle encore, nous allons le voir bientôt, est strictement limitée, par le vieil esprit romain. La tutelle perpétuelle des femmes est encore en pleine vigueur, la femme est, en droit au moins, dans une dépendance absolue (1).

II—Aussi n'allons nous rencontrer dans cette première période rien qui corresponde véritablement à ce que nous appelons luxe à notre époque. « Le luxe public précède à Rome le luxe privé » dit très justement M. Baudrillart (2). Le luxe des vieux Romains c'est l'ostentation de la puissance. Une troupe de nombreux clients qui précèdent le patron et annoncent la venue d'un grand, d'un puissant, l'anneau et la robe des patriciens, quelques plaquettes d'or grossièrement attachées à la bride du cheval de guerre, voilà, avec une salière et une petite coupe d'argent pour les sacrifices, le luxe des Romains de cette époque (3). Peu de temps après l'expulsion des Tarquins, Publicola est accusé de montrer trop de luxe. Sa maison trop magnifique offense le peuple et menace la liberté. « Il est vrai, dit Plutarque, qu'il habitait une maison beaucoup trop magnifique; située sur la croupe du Mont Vélia, elle dominait tellement la place publique qu'on voyait de là tout ce qui s'y passait; elle était d'ailleurs d'un accès très difficile. Lorsqu'il descendait avec son cortège, sa marche représentait à ceux qui le voyaient d'en bas, non

1. Cpr Gide. *Condition de la Femme.* livre I, ch. 1.
2. *Histoire du luxe,* tom. II, p. 8.
3. Cpr. Tite-Live XXVI. 36.

la simplicité d'un consul, mais le faste d'un roi (1) » Un château fort qui domine la cité, voilà le palais des contemporains de Brutus, comme ce sera celui des seigneurs du moyen âge.

Veut-on un autre exemple? Duilius, vainqueur des Carthaginois aux iles Lipari, veut montrer à tous l'éclat de sa puissance et de sa gloire; c'est par le cortège qui l'accompagne en public qu'il cherche à frapper l'imagination et à attirer les regards. Il imagine de se faire précéder d'un joueur de flûte dont la musique annoncera à tous les Romains que le vainqueur de la flotte carthaginoise va passer (2).

Ce même caractère public, nous allons le retrouver dans les lois somptuaires de cette époque. La principale et presque la seule loi c'est celle des XII Tables. Cependant il faut avant de l'étudier dire quelques mots de quelques mesures qui l'ont précédée.

« *Vino rogum ne respargito* », disait une loi de Numa, qui nous est rapportée par Pline l'ancien (3). Cette prohibition fut probablement inspirée par le désir de faire épargner une liqueur aussi rare que devait être le vin

1. *Vie de Publicola* ch. XII. Traduction Ricard.

2. Cicéron dit positivement que Duilius s'arrogea cette prérogative. « *crebro funali et tibicinæ quæ sibi, nullo exemplo, privatus sumpserat: tantum licentiæ dabat gloria* ». *De senectute*, ch, 13. *Florus* (II. 2) de même. Cependant quelques auteurs disent que ce fût par l'ordre du sénat.

3. *H. N.* XIV 12. « *Numæ regis postumia* (mot difficile à expliquer). *lex est: Vino rogum ne respargito. Quod sanxisse illum propter inopiam rei nemo dubitet* ».

à cette époque. Pline remarque que les anciens Romains en éta.ent très économes et que défense stricte était faite **aux** femmes d'en boire (1).

Notons aussi que Numa, régla la longueur du deuil, en le limitant selon l'âge de la personne que l'on pleurait. C'est Plutarque qui nous l'apprend (2).

Il existe enfin une troisième loi de Numa, que Pline nous a conservée et qui interdisait de « *pollucere* » des poissons sans écailles. Ces poissons étaient les plus rares et partant les plus chers. Pline prétend que Numa agit ainsi par économie « *parcimonia commentus* »; pour empêcher le prix de cette espèce de poissons de monter trop haut (3). Si cette raison est la vraie, il faudrait peut être alors traduire *pollucere* comme l'a fait M. Littré dans l'édition Nisard, par « offrir dans les banquets funèbres » (4). Mais si l'on préfère le sens plus probable d'offrir en sacrifice, sens qui est confirmé par un passage de Festus « *Pollucere merces quas cuivis deo liceat, sunt far et cœt... pisces quibus est squama præter scarum* (5) on est plus disposé à voir dans la défense de Numa une ancienne tra-

---

1. *Ibidem.*
2. *Vie de Numa,* ch. 15.
3. XXXII. 10.
4. M. Littré s'appui sur une glose de Placidus que voici : « *Polluctum, funereum aut sepultum ; polluctores enim funeratores dicuntur.*
5. Festus. *De verb, signifi. Voce pollucere.* Les mots « *quas cuivis deo* », sont suppléés par les éditeurs. Mais l'énumération de Festus rend le sens absolument certain. Cette traduction du mot *pollucere* est celle de M. Pastoret, *loco cit.*, III, p. 345.

dition religieuse, dont le sens s'était déjà perdu à l'époque de Pline.

Notons encore sur cette époque très primitive un Sénatus-consulte qui, en reconnaissance du service rendu par les dames Romaines dans l'affaire de Coriolan, leur permit d'ajouter une bandelette d'or à leur coiffure et de porter des vêtements de pourpre galonnés d'or (1). L'intérêt de cette décision assez curieuse du Sénat est de nous montrer le droit de contrôle sévère qu'il exerçait sur le costume des femmes, et jusque sur le nombre des bandelettes de leur coiffure. Il y avait probablement là des distinctions de classes qui nous échappent.

III — La loi des XII tables contient une série de dispositions très importantes sur le luxe funéraire. On sait par Cicéron, qui nous les rapporte presque toutes, qu'elles étaient réunies dans la dixième table (2). Nous allons les analyser d'abord ; nous essaierons ensuite d'en dégager l'esprit et d'en tirer quelques conséquences sur le développement du luxe à cette période de l'histoire romaine.

La première des dispositions qui touchent à notre sujet est ainsi rétablie par Jacques Godefroy (3) « *Sumptus et luctum a deorum manium jure removeto.*

Hoc plus ne facito.

Rogum ascia ne polito. »

La plupart des éditeurs modernes suppriment la pre-

1. Valère Maxime V. 2.
2. Cicéron, *De Legibus* II 25.
3. *Fragmenta Duodecim Tabularum.* Heidelberg, 1616. Cet ouvrage est la source commune où ont puisé tous les éditeurs modernes.

mière défense générale « *Sumptus etcœt.* — » La restitution de Godefroy n'est pas en effet certaine quant aux
termes mêmes ; mais le sens n'en paraît guère douteux.
Le passage de Cicéron qui nous a conservé ces dispositions, semble bien indiquer qu'avant de poser les règles
particulières « *Hoc plus ne facito etcœt* — la loi procé-
dait par une défense générale (1).

Quoiqu'il en soit la deuxième partie est absolument
certaine. Cicéron nous la donne comme le texte même de
la vieille loi, qu'au temps de sa jeunesse, dit-il, les enfants
apprenaient par cœur, « *quas discebamus pueri XII quasi
carmen necessarium.* »

La loi veut donc qu'on emploie le bois brut et qu'on ne
le façonne pas avec la cognée « *ascea* » ou « *ascia* (2).

La deuxième disposition se trouve dans le même passage de Cicéron « *Extenuato igitur sumptu,* dit-il, *tribus
riciniis, et vinclis purpuræ* (3), *et decim tibinibus.* »

Le sens de la première défense nous est donné par un
passage de Festus (4) que rapporte Godefroy : « *Ricinia,
omne vestimentum quadratum. Ii qui XII interpretati sunt
dixerunt virilem togan, quia mulieres utebantur præ-
textam, clavo purpureo* ». Il s'agit donc de robes à ban-

1. *De Legibus.* II. 23. « *Jam cœtera in XII minuendi sumptus
lamentationesque funeris translata de Solonis fere legibus ; hoc plus,
inquit, ne facito rogum ascia ne polito* ».

2. « *Ascea* » dit Bruns. *Fontes juris romanis antiqui* 5mo édition
(1885) *cur th. Mommsem.*

3. « *tunicula purpuræ,* dit Bruns : ce qui s'accorde moins
bien avec le passage de Festus, cité plus bas.

4. *Festus voce Ricinia.*

Dubost   2

des ou à liens de pourpre que l'on plaçait sur le bûcher
et que l'on brûlait avec le mort ; le législateur en réduit
le nombre à trois.

Il limite aussi le nombre des joueurs de flûte qui ac-
compagneront le cortège : il ne doit pas dépasser dix.
Nous avons vu par l'histoire de Duilius, que l'usage de se
faire précéder de joueurs de flûte, dans certaines cérémonies était connu à l'époque des Guerres Puniques.
Les joueurs de flûte étaient très anciens, car Denys d'Halicarnasse en parle dans la classification de Servius Tullius
(1). Enfin un passage d'Ovide cité par Godefroy rappelle cet
ancien usage ; et la limitation à dix du nombre de joueurs
de flûte.

> « *Temporibus veterum tibicinis usus avorum.*
>
> *Magnus, et in magno semper honore fuit.*
>
> *Cantabat fanis, cantabat tibia ludis.*
>
> *Cantabat mœstis tibia funeribus.*
>
> *Adde quod œdiles pompam qui funeris irent.*
>
> *Artifices solos jusserat esse decem* (2). »

Il y a dans ce passage une certaine contradiction avec
ce que nous dit Cicéron. Ovide rapporte à un édit des
édiles cette limitation du nombre des joueurs de flûte.
Peut-être y eut-il en effet un édit des édiles qui renouvela
la prohibition des XII tables.

La disposition suivante réprime la manifestation trop
vive et trop bruyante de la douleur des femmes « *tollit
etiam lamentationem,* dit Cicéron ; *Mulieres genas ne ra-*

----

1. Denys. d'Halic. IV, 17 Cpr. Pastoret *Opere citato*, III, p. 105.
2. *Fastes* VI, vers 657 et suiv. Cpr. Aulu Gelle XX. 2.

dunto neve lessum funeris ergo habento (1). » C'est plutôt
une mesure de police (2).

Nous arrivons à une prohibition qui nous rappelle la
loi de Numa, dont nous avons parlé. Les décemvirs défendent d'arroser le bûcher et de laver le cadavre avec
une « *potio murrhata* », c'est-à-dire avec du vin parfumé
d'aromates « *Murrhata potione usus antiquus indicio est*, dit
Festus, *quod XII tabulis cavetur ne mortuis indatur* »
Pline (3) dit que les vins les plus estimés des anciens romains étaient ceux parfumés avec de la myrrhe et cite un
passage de Plaute où le vin myrrhé, est nommé « *mur-
rhina*. » Cicéron qui appelle l'usage de ces vins parfumés
« *sumptuosa respersio* », rapporte deux prohibitions d'un
genre analogue. « *Hæc proterea sunt in legibus de unctura : quibus* (4) *servilis unctura tollitur, omnisque cir-
cumpotatio* ». Il est défendu d'oindre, de parfumer le corps
des esclaves; ce qui a fait penser à M. de Pastoret (5)
que la disposition que Festus nous a conservée sur le vin
aromatisé ne s'appliquait également qu'aux esclaves. Un
argument que l'on peut donner en faveur de cette manière
de voir, c'est que la défense des « *circumpotationes* »
distributions de boissons faites à ceux qui assistent aux
funérailles, ne fut certainement pas en vigueur à Rome,

1. *De Legibus* II, 23.
2. Voyez sur cette disposition les « *probationes* » dont Godefroy appuie ses restitutions de la loi des XII tables.
3. XIV, 15.
4. *De Legibus*, II, 24.
5. *Op. citato.* III p. 312.

au moins pour les funérailles des hommes libres (1). Les trois dispositions ne concerneraient donc que les esclaves.

La loi règle ensuite les couronnes. Elle défend de porter aux obsèques des « *longæ coronæ* », (c'est-à-dire des guirlandes de fleurs, par opposition aux couronnes qu'on place sur sa tête), et de placer devant le cadavre des cassolettes de parfum. « *ne longæ coronæ, ne acerræ prætereantur* » dit Cicéron. (2).

Quant aux couronnes que l'on plaçait sur la tête, c'est Pline (3) qui nous a conservé le reste de la loi « *qui coronam parit ipse pecuniave ejus, virtutis ergo duitor ei* » (4). La loi n'autorise que celles que le défunt a méritées lui-même ou que ses chevaux ou ses esclaves lui ont gagnées (5). Pline ajoute que le fils avait le droit d'orner de ses propres couronnes les funérailles de son père et Scholl (6) conjecture que le droit était réciproque. Ces couronnes, de feuillage dans les temps primitifs, ont dû être assez vite ornées d'or ou d'argent. Pline (7) attribue à *Crassus* l'usage d'y ajouter des bandelettes d'or que *Claudius Pulcher* imagina ensuite de faire ciseler.

1. Tite Live nous raconte qu'aux funérailles de Scipion on fit une distribution de vin miellé à ceux qui avaient suivi le cortège, XXXVIII, 55.

2. *Loco citato*. Cpr. *Festus Voce* « *Acerra* »

3. *H. N.* XXI, 3.

4. M. Bruns, lit ici « *arduitur* » au lieu des deux mots « *ergo duitor* ».

5, Pline XXI 5.

6. Cité par Bruns.

7. Pline XXI, 5.

La loi des XII Tables défenlait aussi, si l'on en croit Cicéron, de faire plusieurs funirailles à un défunt et de placer devant lui plusieurs de ces lits que les riches Romains faisaient porter dans les triomphes ou dans les obsèques. « *Credoque quod erat faclitatum ut uni plura fierint funera, lectique (1) plures sternerentur: id quoque ne firet lege sanctum est* »

La deuxième au moins de ces prohibitions ne fut pas longtemps en vigueur. On sait qu'aux funérailles on portait à Rome un grand nombre de lits richement ornés et de bois précieux. On en porta 600 aux obsèques de Marcellus et 6000, à celles de Sylla (2).

La dernière disposition de la loi des XII Tables vise plus directement le luxe. Elle défend de brûler ou d'enterrer le cadavre avec de l'or (3); elle ajoute seulement que s'il a une fausse dent attachée avec un lien d'or on pourra laisser ce lien. « *Neve aurum addito. ast cui auro dentes juncti escunt, ast im cum illo espelire urereve, se fraude esto (4).* »

---

1. *De Legibus* II. 24. M. Bruns propose de placer ces mots *credoque.... sanctum est*» d'une autre façon et de les intercaler dans une disposition dont nous n'avons pas parlé et qui défend de recueillir les ossements d'un cadavre pour lui faire plus tard des funérailles. La conséquence de ce changement serait d'appliquer aux dispositions que nous citons l'exception « *erepit bellicam peregrinamque mortem* » qui existe certainement pour la prohibition des funérailles tardives.

2. Baudrillart. *Histoire du luxe*, II p. 488.

3. « *Non autem oportet ornamenta cum corporibus condi* » dit encore Ulpien FF. 14-5. *De religiosis*, à propos des frais funéraires. Cpr Africain F.F. 13-5. *De legatis*. I

4. Cicéron. *De legibus*. II. 24.

IV. — Il semble qu'en résumant ces diverses dispositions de la loi des XII Tables, on puisse se faire une
idée assez précise de ce qu'était le luxe funéraire aux
premiers temps de la république romaine ; on est en effet tenté de dire avec Cicéron. Tout cela existait puisque
la loi le défend « *quæ neque tollerentur nisi fuissent* » (1).
Mais on a fait une objection à laquelle le même traité de
Cicéron, donne beaucoup d'autorité. Quelques lignes plus
haut Cicéron vient en effet de nous dire que les dispositions ont été presque traduites des lois de Solon « *trans-*
lata de Solonis fere legibus » (2). Et un peu plus loin parlant
de ces lois de Solon il ajoute que les décemvirs les ont
mises dans la dixième de leurs tables presque avec les
mêmes mots. « *Quam legem, eisdem prope verbis nostri*
decemviri in decimam tabulam conjecerunt : nam de tribus
riciniis et pleraque illa Solonis sunt ; de lamentis vero ex-
pressa verbis sunt. Mulieres genas, ne...... (3) »

Et son témoignage est confirmé par le récit de plusieurs
auteurs. Tite-Live raconte qu'on envoya à Athènes trois
commissaires, dont il donne les noms (deux d'entre eux
se retrouvent parmi les décemvirs), pour recueilir les
fameuses lois de Solon et des autres cités de la Grèce, en
observer les mœurs et les institutions « *jussique inclytas*
leges Solonis describere et aliarum Græciæ civitatum ins-

---

1. *De legibus*, II, 23. Au Pg. 24 il ajoute : « *Credoque quod erat*
factitatum ut uni plura..... idque ne fieret lege sanctum est. »

2. *Loc. cit.*, 24.

3. *Loco cit.* 25.

tituta moresque noscere (1). » Cette histoire des commissaires envoyés à Athènes se retrouve dans Denys d'Halicarnasse (2) et dans un fragment de Pomponius conservé au Digeste (3). Un contemporain de Justinien, Lydus, dans son traité « *des magistratures Romaines* » (4), nous dit que Gaïus était sur ce point d'accord avec Pomponius : et il est d'autant plus naturel de le croire qu'on retrouve au Digeste deux fragments du commentaire des XII tables de Gaïus, où il relève cette conformité de la loi de Solon avec la loi des décemvirs ; ces passages ne visent d'ailleurs que des points d'une importance secondaire (5). Enfin, et comme pour préciser davantage. Pomponius nomme le philosophe Grec Hermodore d'Ephèse comme ayant accompagné en Italie les commissaires romains et ayant aidé les décemvirs dans leur œuvre de traduction. Et Pline l'ancien dit même qu'on éleva aux frais du public une statue à Hermodore (6).

Il semble donc bien qu'il faille admettre l'histoire de ces commissaires envoyés en Grèce, et même celle d'Hermodore ramené par eux pour confirmer leur témoignage, et éclaircir les difficultés des lois grecques qu'ils avaient recueillies. Mais en faut-il conclure que les dispositions des XII Tables n'avaient rien d'original et qu'elles n'é-

1. Tite-Live, 31. III. Sur le nom des décemvirs voyez Tite-Live; III. 33

2. x 3. 50 à 58.

3. FF. 2.—4 *De origine juris.*

4. I 34.

5. Gaïus FF. 13. *De finium regundorum*
   «   FF. 4. *De collegis.*

6. Pline *H. N.* XXXIV. 11.

taient, comme le dit Cicéron, qu'une traduction des lois de Solon ? N'est-ce pas aller un peu loin ? Tout le droit privé des XII Tables a une physionomie absolument romaine. C'est certainement un droit indigène. Pourquoi en serait-il différemment des réglements somptuaires des Décemvirs ? il faut d'ailleurs remarquer que les XII Tables parlent de bûcher ; elles supposent que le mort est brûlé. Or à Athènes on enterrait les morts et on ne les brûlait pas. « L'usage d'enterrer les morts précéda l'incinération que Lycurgue interdit à Sparte et qui étant plus couteuse resta toujours moins générale », nous dit M. V. Duruy (1). Il n'y a donc pas eu traduction simple par les décemvirs des lois de Solon. Que certaines dispositions leur aient été empruntées, le nombre des habits à enterrer ou à brûler avec le cadavre, la prohibition des lamentations et des excès dans la manifestation de la douleur des femmes par exemple, c'est, ce qu'il paraît difficile de nier. Le témoignage de Cicéron, qui n'est d'ailleurs formel que sur ce point, est encore confirmé par Plutarque (2). Mais au fond les lois des Décemvirs restèrent nationales et indigènes ; elles furent faites pour régler les funérailles, telles qu'on les faisait à Rome de leur temps, et la vérité sur l'influence des lois de Solon, est dans ce que dit Tacite, que les Décemvirs prirent un peu de partout pour composer leurs lois « *accitis quæ usquam egregia* (3) ».

1. *Histoire des Grecs* tome I. p. 83. Cpr. Cicéron *De legibus,* II, 25. Plutarque *Vie de Lycurgue* ch. 39.

2. *Vie de Solon* ch. 29.

3. Tacite. *Annales*, III, 27.

On peut donc conclure avec Cicéron que s'ils ont prohibé certains usages, c'est que ces usages étaient pratiqués à Rome de leur temps. En un mot, de cette première loi somptuaire, on peut conclure à l'existence d'une première sorte de luxe chez les Romains de l'époque des XII Tables, le luxe funéraire (1).

On peut se figurer facilement ce qu'était, avant les prohibitions de la loi des XII Tables, la pompe funéraire des riches patriciens. Un immense cortège de clients, d'amis, d'étrangers, accourus par intérêt, par curiosité, ou même pour avoir part à ces distributions, à ces *circumpotationes*, qui vont suivre la cérémonie funèbre, s'avance lentement à travers la ville aux sons lugubres de la flûte. Devant le défunt on porte toutes ses richesses, ses lits de parade, ses vêtements de pourpre enrichis d'or qui vont tout à l'heure parer le bûcher. Puis vient la longue suite des images des ancêtres, descendus de leur temple domestique pour orner du prestige de leurs consulats ou de leurs triomphes les funérailles de leur descendant. Enfin le cadavre, pompeusement paré de ses vêtements les plus riches et des nombreuses couronnes que ses fils, ses clients, ses esclaves ont gagnées, l'anneau patricien au doigt, entouré de cassolettes de parfums, et tout oint d'aromates dont les senteurs exotiques triomphent de la corruption égale pour tous. Derrière le cadavre une foule de femmes, les habits en désordre, les joues en sang, poussent des hurlements lugubres. Tout

---

1. Cpr. Accarias, *Précis de Droit romain*, I, p. 64.

annonce le dernier acte de la vie d'un grand, d'un puissant (1).

Toute cette magnificence, toute cette pompe avait dû souvent blesser les yeux des obscurs plébéiens, jaloux de voir que la mort même ne parvenait pas à descendre à leur niveau leurs fiers concitoyens. Peut-être leur orgueil offensé prit-il sa revanche dans les prohibitions de cette vieille loi somptuaire. On s'expliquerait ainsi deux passages assez obscurs de Tite-Live et de Tacite qui vantent les XII Tables comme une loi d'égalité. Tacite l'appelle même la dernière des lois égales pour tous : « *finis œqui juris* (2) ». Comment, avec ce que nous savons de la dureté de la loi des décemvirs et de la rudesse effrayante de ce vieux droit tout patricien, comprendre cet éloge des deux historiens latins. La solution du problème ne serait-elle pas en partie au moins dans les dispositions somptuaires de la loi des XII Tables. En prohibant l'excès de l'ostentation et du luxe, les Décemvirs ne firent-ils pas œuvre égalitaire? Si l'on fait attention de plus qu'ils réduisirent le taux de l'intérêt en édictant la peine de la restitution au quadruple, la même que celle du *furtum manifestum* pour qui dépasserait ce chiffre, on estimera peut-être qu'il y a là assez pour expliquer sinon pour justifier ces deux passages de Tite-Live et de Tacite.

1. Cpr. Baudrillart, *Histoire du Luxe*, t. II, p. 488 et suiv.

2. Tacite. *Annales*, III, 27. Tite-Live met cette phrase dans la bouche des décemvirs : « *Si, quantum decet hominum ingeniis, provideri potuerit, omnibus, summis infimisque, jura œquasse* », III, 34.

CHAPITRE II

LES PREMIÈRES LOIS SOMPTUAIRES, CATON LE CENSEUR.

I — Le luxe, tel que nous l'entendons à présent, n'existait pas à Rome au temps des XII Tables; il ne commence à s'introduire qu'à l'époque de la guerre de Pyrrhus; c'est par leur première victoire sur les Grecs que les Romains connurent le luxe; les premiers objets de luxe qu'ils possédèrent furent les dépouilles des soldats du roi de l'Épire. Mais le vieil esprit romain, rude et économe, résista longtemps aux séductions des arts et des richesses de la Grèce; et pendant quelques temps d'ailleurs les périls continuels et les besoins pressants de la guerre ne permirent guère aux Romains de se laisser aller au luxe et à la mollesse. Les guerres puniques suivent les défaites de Pyrrhus. Tant que la ruine de Carthage n'a pas assuré la sécurité de Rome, tant que la deuxième guerre punique n'est pas terminée, le luxe est bien peu développé à Rome et les lois somptuaires y sont inconnues.

Nous rencontrons cependant dès cette époque quelques mesures réglant la vie privée et qu'il nous faut analyser rapidement pour montrer que ces lois sont au fond bien moins somptuaires que politiques : elles se rapportent à l'organisation de la cité bien plus qu'à la modération des dépenses et du luxe : elles procèdent du même ordre d'idées que la loi des XII Tables.

La première est une loi votée au milieu des embarras de la guerre d'Étrurie, et qui n'est pas postérieure de plus d'une vingtaine d'années à la loi des XII tables ; elle est environ de l'an 430 avant Jésus-Christ. Elle réprime moins le luxe que la brigue, car elle défend aux candidats de rien ajouter à leur robe blanche, « *ne cui album in vesti-mentum addere petitionis causa liceret* (1) ».

Tite-Live qui nous l'a conservée raconte qu'elle fut l'objet d'ardentes luttes entre les patriciens et les plé-béiens. On peut conjecturer du récit de l'historien latin qu'elle défendait aux candidats patriciens de se présen-ter devant le peuple parés des insignes de leur classe. En effet les tribuns se plaignent que le peuple méprise les plé-biens « *nec a plebe minus quam a Patribus contemni* », et ne les élève pas aux dignités dont l'accès vient de leur être ouvert. Et c'est pour satisfaire à ces plaintes que les plébéiens décident de faire proposer cette loi par leurs tribuns.

La loi Metilia qui suivit celle-là eût probablement aussi un but politique. Elle se rapporte encore au costume qui a aux époques primitives, une importance politique con-sidérable. Pline, qui nous en fait connaître l'existence nous dit seulement qu'elle concernait la préparation des étoffes ; parlant de l'ombrique, sorte de craie qui était employée à donner du lustre aux tissus, il ajoute « *Neque enim pigebit hanc quoque partem attingere, cum lex Metilia*

____

1. Tite-Live, IV, 26.

extet fullonibus data, quam C Flaminius, L'Æmilius censo-
res dedere ad populum ferendam, adeo omnia majoribus
curæ fuere » (1). Cette loi que certains manuscrits appellent loi « *Metella* » a dû porter le nom, de « *Metilia* »
car Metellus ne fût à Rome qu'un surnom ; on pourrait
peut-être en rapporter l'origine au tribun Metilius que
Tite-Live et Plutarque nous représentent comme un adversaire du dictateur *Fabius Cunctator*, ce qui en fixerait la
date vers 217 av. JC.

Elle ne serait alors antérieure que de deux ans à la loi
Oppia « *de cultu mulierum* » dont le discours de Caton le censeur a rendu le nom célèbre. Par son objet la loi Oppia vise
le luxe privé, et c'est comme mesure conservatrice des
mœurs et de la simplicité antiques que Caton en combattit l'abrogation avec tant d'opiniatreté. Elle défend aux
femmes de porter plus d'une demi-once d'or sur elles, de
s'habiller de vêtements de plusieurs couleurs et de se faire
conduire en char dans la ville ou à moins d'un mille de
la ville ; elle n'excepte de la dernière prohibition que le
cas où il s'agirait d'un sacrifice public : « *Ne qua mu-*
lier plus semiunçam auri haberet : neu vestimento versicolori
uteretur : neu juncto vehiculo urbe oppidove aut propius
inde mille passus, nisi sacrorum publicorum causa vehere-
tur (3). »

On peut remarquer à propos de l'usage des chars qu'il
paraît avoir été assez peu commun à Rome, dans les pre-

1. XXXV, 57.
2. Tite-Live XXII, 25, Plutarque. *Vie de Fabius*, ch. 12.
3. Tite-Live. XXXIV, 1..

miers temps au moins, et avoir emporté comme une certaine idée de prééminence sociale (1). Pline rapporte, il est vrai pour une époque assez antérieure (fin du vime siècle avant J.-C.) que le pontife Metellus ayant perdu la vue dans l'incendie du temple de Vesta, en essayant d'arracher des flammes le palladium, le peuple en récompense lui accorda le droit de se faire conduire en char à la curie « *Magnum et sublime*, ajoute Pline, *sed pro oculis datum* (2). »

Si l'on recherche le motif qui a déterminé le tribun Oppius en l'an 215 av. J.-C, au milieu des périls de la deuxième guerre punique, l'année même qui suivit la bataille de Cannes, à présenter la loi qui porte son nom, on a peine à croire qu'il ne fut préoccupé que de réprimer le luxe si peu développé encore, et de maintenir les mœurs que rien ne menaçait d'ébranler. Il n'y a qu'une explication possible de la loi Oppia c'est qu'il y eut là un impôt de guerre levé sur les riches patriciennes (la loi est proposée par un tribun). On fixe un maximum de bijoux et de vêtements et on confisque tout ce qui dépasse ce taux : en outre on édicte une amende pour chaque infraction. Il n'y aurait là rien de bien différent de la contribution volontaire (?) que le consul Lœvinus avait demandé aux patriciens l'année précédente, pour subvenir aux frais de guerre. Lœvinus commence par réclamer tout ce

1. Il y aurait un curieux rapprochement à faire à ce point de vue avec l'Ordonnance somptuaire de Philippe le Bel, de 1294, dont l'article I débute « Nulle bourgeoise n'aura char »
2. VII, 45.

qu'on possède, d'or, d'argent, et de cuivre monnayé : puis il excepte les insignes de la dignité, les armes, les vases nécessaires au culte des dieux et pour chaque femme ou fille de sénateur une once d'or « *ita ut quibus uxor filiæve sunt singulas uncias pondo auri relinquant* (1). » C'est bien voisin de la loi Oppia, la seule différence est que les besoins de la République sont plus pressants de sorte que le maximum de ce qu'on laisse à chaque romaine a diminué de moitié et qu'on confisque non seulement les métaux précieux mais peut-être aussi les vêtements et les voitures.

C'est ce qu'a conjecturé Boxmann (2) ; et ce qui donne à cette opinion beaucoup de vraisemblance c'est le discours que prête Tite-Live au tribun L. Valérius quand il demande l'abrogation de la loi Oppia (3). L. Valerius attaque-t-il la loi de front ; la déclare-t-il inutile ou mauvaise ? Nullement : il soutient seulement qu'elle a été le fruit de circonstances particulières et qu'elle doit disparaître avec elles. Les lois qu'on a portées pendant la guerre, s'écrie-t-il, doivent disparaître avec la paix « *quæ in pace latæ sunt plerumque bellum abrogat ; quæ in bello pax* ». Il rappelle les circonstances où est née cette loi, Annibal, le vainqueur de Cannes, aux portes de Rome, l'armée détruite, les alliés faisant défection : plus de soldats, plus de flotte ; on armait les esclaves : chacun apportait à l'état ce qu'il avait d'or, d'argent ou de cuivre monnayé. Il est facile de conclure : dans ces circonstances

1. Tite-Live, XXVI, 36.
2. *De Legibus Romanorum sumptuariis. Lugduni Batavorum,* 1816.
3. Tite-Tive, XXXIV, 5, 6 et 7.

il ne pouvait s'agir de régler le costume des femmes et de peser leurs bijoux. La conclusion est d'autant plus évidente que Valerius a pris soin dès le début de rappeler tous les nombreux exemples de dévouement des dames romaines, toutes les circonstances où, d'après le livre des Origines de Caton lui-même, elles ont sacrifié parures et bijoux à la défense de la république. Il n'y a donc guère à hésiter, la loi Oppia fut faite uniquement pour remplir le trésor vidé par les dépenses de la guerre contre Annibal. C'est une loi de finances, ce n'est pas encore une loi somptuaire **(1)**.

II. — Mais si à l'origine, la loi Oppia ne fut pas une mesure somptuaire, elle le devint rapidement à mesure que la sécurité revenant, la victoire et la richesse élevant Rome, le luxe naissait avec les fortunes.

C'est une époque toute particulière et qui fut décisive pour la société romaine que la première moitié du deuxième siècle avant l'ère chrétienne. C'est le moment où, débarrassés de la guerre italienne et des guerres puniques, les Romains ont commencé leurs grandes conquêtes. La Grèce et la Syrie, où ils vont diriger leurs premiers coups ont perdu depuis longtemps dans les disenssions intestines ou dans la tyrannie les derniers restes de leur ancienne puissance. Pour renverser le trône d'Alexandre, il suffira aux généraux romains de le toucher du doigt. Les guerres d'Orient ne seront que l'occasion de fortunes incroyables et de splendides triomphes.

---

1. Cr: Tacite, *Annales*, III, 33 « *Placuisse quondam Oppias leges, sic temporibus reipublicæ postulantibus* » « *parce que le malheur des temps les rendait nécessaires* » traduit, M. Burnouf.

En même temps que la ruine de Carthage par le premier Africain débarrasse à jamais Rome de l'ennemi, qui depuis vingt-ans est à ses portes, et reporte pour sept siècles hors d'Italie la guerre extérieure, les dépouilles de l'Orient affluent à Rome. Les guerres d'Asie et de Grèce enrichissent à la fois le trésor et les particuliers. Et en même temps comme pour hâter l'effet de cet enrichissement trop rapide, la civilisation grecque, avec ses raffinements et sa corruption déjà si profonde, se révèle aux yeux éblouis des rudes contemporains de Mummius. D'abord clients, puis poètes et flatteurs en titres, grammairiens, philosophes, précepteurs, les grecs se répandent partout et se mêlent à tout. La Grèce prend sa revanche et conquiert son vainqueur par l'éclat de son génie et la douceur de son langage (1).

La vieille austérité romaine s'en inquiète et devinant déjà les excès où périront la constitution républicaine puis bientôt la société romaine, elle essaye d'arrêter le luxe et de maintenir les mœurs. Un parti politique se forme qui, effrayé à la fois de l'abandon des vieilles mœurs et de la fortune toujours croissante de quelques familles,

---

1. Cpr. Salluste. *Jugurtha*, ch. 41. — *Catilina*, ch., 10. « *Qui labores, pericula, dubias atque asperas res facile toleraverant, iis otium, divitia, optandæ aliis, oneri miseriæque fuere. Igitur primo pecuniæ deinde imperii cupido crevit : ea quasi materies omnium malorum fuere.* » *Histoires*, I, *Fragm.* 9 et 10. « *At discordia et avaritia, atque ambitio et cætera secundis rebus oriri sueta mala, post Carthaginis excidium maxime aucta sunt... Ex quo tempore, majorum mores non paulatim ut antea sed torrentis modo præcipitati.* »

Dubost   **3**

poursuit un double but : abaisser la puissance politique des grandes familles que la guerre a élevées à une sorte de dictature permanente et rétablir l'égalité par le retour à la simplicité des mœurs anciennes (1).

Ce parti qui prend son point d'appui chez les paysans, les cultivateurs des environs de Rome, se personnifie dans la curieuse figure de Caton l'ancien. Vivant représentant d'une époque encore voisine et déjà bien éloignée, M. Porcius Cato personifie bien en face de l'adoucissement et du relachement des mœurs le vieil esprit romain du temps des Curius Dentatus et des Fabius Cunctator. Il en a toute la rudesse et toute l'austérité, comme les vues bornées et le patriotisme étroit. Il entame contre le luxe et le relachement des mœurs une lutte impitoyable qui se termine comme l'on sait. Le parti politique que Caton représentait fut écrasé par l'aristocratie et le luxe qu'il s'efforça d'entraver grandit d'une façon demesurée.

Mais à l'époque de Caton la lutte est encore possible. Avec le luxe de la Grèce la corruption orientale est aux portes de Rome, et elle a déjà assez gagné pour qu'au moment de l'affaire des Bacchanales (186 av. J.-C. 2 ans avant la censure de Caton), on trouvât qu'en une seule année plus de cent soixante dix femmes avaient empoisonné leurs maris pour faire place à de nouveaux époux. Mais elle n'est pas encore générale. Dans l'aristocratie il y a encore des généraux intègres comme le rude et grossier Mummius, brutal mais honnête destructeur de Corinthe : Scipion l'Africain lui-même, l'ami des lettres grecques,

1. Cpr. Michelet. *Histoire romaine*, t. II, p. 100 et suivantes.

resta toujours pauvre et son train de vie simple et modeste (1). Il y a tout un parti qui soutient Caton, soit
dans la campagne où l'agriculture entretient une généra-
tion rude et saine et d'où les *latifundia* de la fin de la
république n'ont pas chassé les travailleurs libres (2),
soit à Rome même. Caton a dans la ville ses partisans qui
l'élevèrent à la censure et le soutinrent dans les multiples
procès que lui valut son ardeur à poursuivre le luxe et la
corruption. Au Sénat même les vieilles mœurs trouvaient
encore des défenseurs ; Pline (3) rapporte qu'au temps de
la deuxième guerre punique le banquier L. Fulvius fut
emprisonné par ordre du Sénat jusqu'à la fin de la guerre pour s'être montré à la fenêtre la tête couronnée de
roses. Et l'on sait que sur les conseils de Caton le sénat
renvoya de Rome le philosophe académicien Carnéade
et Diogène le stoïque coupables, d'intéresser la jeunesse
romaine aux spéculations et à la philosophie de la
Grèce (4).

C'est ce qui fait le trait caractéristique de cette époque
et l'intérêt de la lutte qu'engagea Caton. Venu à une période de transition, au moment où la vieille Rome des
guerres puniques va céder la place à la Rome volup-
tueuse des conquêtes lointaines et des proconsuls, il

1. Rollin *Histoire Romaine*, tome, II, p. 173. Scipion Æmilien
fut encore de même. Voyez les curieux reproches qu'il adresse
à Sulpicius sur son luxe. Aulu-Gelle, VII, 12.

2, Dureau de la Malle. *Economie politique des Romains.* tome I,
p. 240.

3. H. N. XXX. 6.

4. Plutarque *Vie de Caton.* ch 34 et 35.

tient un moment en balance le sort de la république romaine. Son entreprise que nous jugeons impossible car trop de causes poussaient les Romains au luxe, parut à ses contemporains possible ; il eût des adversaires convaincus et des partisans dévoués.

III. — La lutte débute par la discussion sur la Loi Oppia, dont Tite-Live nous a gardé le récit détaillé. Rien de plus connu que cette histoire, les discours pour ou contre la loi Oppia et la passion que partisans ou adversaires du luxe apportèrent à la discussion. En elle-même la chose était de peu d'importance « res parva dictu » dit le grave historien romain. De quoi s'agissait-il en effet? de laisser les dames romaines porter des vêtements de plusieurs couleurs, se parer de quelques bijoux et aller en char dans les rues de la ville. Combien tout cela aurait dû paraître insignifiant au milieu des grandes affaires dont le peuple romain avait à s'occuper. L'abrogation de la loi Oppia eût lieu en 195 avant J. C. Il n'y avait pas sept ans que la bataille de Zama avait consommé la défaite de Carthage. Annibal vivait encore et essayait de la relever sous sa tyrannie sévère et bienfaisante; c'était l'époque des guerres contre Philippe et Antiochus. Et cependant on mit à attaquer la loi comme à la défendre une ardeur tout à fait incroyable. La lutte fut vive; on sait comment les dames romaines s'y mêlèrent directement se répandant dans la ville, sollicitant les citoyens, les magistrats, les sénateurs, et menaçant la ville, s'il faut en croire Caton, d'une nouvelle séces-

1. 2. Livre XXXIV, 1 à 8.

sion. Les tribus du peuple étaient partagés, deux d'entre eux demandaient l'abrogation de la loi, deux autres avaient déclaré qu'ils opposeraient leur veto à l'abrogation. Caton était consul, et de toute l'autorité de sa charge, de sa réputation et de son caractère, de toute la force de son éloquence il défendait la loi Oppia.

Le débat porta uniquement sur le luxe, et la loi ne fut plus considérée que comme somptuaire. Quelque fût le motif qui avait vingt ans auparavant déterminé les contemporains de Caïus Oppius à voter sa proposition, en 195, sous le consulat de Caton, la loi Oppia était devenue une entrave au luxe et aux dépenses des femmes (1). C'est pour cela qu'elles la voulaient faire abroger et que Caton la voulait maintenir. On connaît son tableau peu flatteur des passions de ce sexe indompté et indomptable « *impotenti naturæ et indomito animali,* » et l'on sait comment il relève vertement l'audace de ces femmes qui viennent encombrer le forum et s'occuper des lois qu'on y fait ou qu'on y défait. Il rappelle les antiques principes de la sujétion des femmes. « *majores nostri nullam, ne privatam quidem, rem agere feminas sine auctore voluerunt ; in manu esse parentum, fratrum, virorum* ». Il montre la tutelle perpétuelle des femmes déjà ébranlée, et il conjure de ne pas abandonner ces principes tutélaires des mœurs et de la cité.

---

1. Le luxe de la toilette des femmes est dejà assez développé à cette époque. Voyez les Comédies de Plaute « *Dum moliuntur, dum comuntur, annus est !* » dira bientôt *Térence Eautontim.* act. II, Sc I.

Enfin il peint l'avidité et le luxe, la passion des richesses et des jouissances s'introduisant dans Rome avec les dépouilles des vaincus. Il montre les admirateurs des bronzes de Corinthe ou d'Athènes tournant en dérision la grossière fayence de leurs ancêtres. Et dans un mot, dont on ne pourrait trop admirer la justesse prophétique si l'on savait au juste pour combien Caton a contribué au discours que lui prête l'historien romain, il montre les Romains, chargés des dépouilles du monde, vaincus eux-mêmes par les richesses et les vices de leurs sujets : « *eo plus horreo, ne illæ magis res nos ceperint quam nos illas.* »

On sait comment se termina la bataille ; le parti féminin l'emporta ; les deux tribuns partisans de la loi Oppia se laissèrent gagner et retirèrent leur intercession. La loi Oppia fut abrogée en l'an 195 av. J.-C. ; elle avait vécu vingt ans.

Caton ne se laissa pas décourager par cet échec; il reprit et continua la guerre au luxe qu'il poursuivit jusqu'à sa mort avec des alternatives de succès et de revers. Il combattit le luxe de bien des façons différentes ; tantôt il l'attaqua directement par des lois somptuaires qu'il conseilla ou appuya, tantôt il essaya de restreindre les dépenses en resserrant dans des limites plus étroites la liberté des femmes ou des fils de familles ; enfin il usa contre le luxe de toutes les sévérités de la censure.

Les lois somptuaires de l'époque de Caton forment un ensemble qui doit être traité à part. Elles se rattachent toutes au luxe de la table et sont le premier anneau d'une chaîne qui se continuera jusqu'au commencement de l'empire. Pour ce motif nous les traiterons en dernier lieu bien qu'elles commencent peu de temps après la censure de Caton ; car la plus ancienne, la loi Orchia est de 180 ou 181 av. J.-C. et Caton fut censeur en l'an de Rome 570 = 184 av. J.-C. Nous allons parler d'abord des mesures par lesquelles Caton entreprit de restreindre la richesse et les dépenses des femmes. Entre les deux ordres d'idées nous parlerons de la censure de Caton.

IV. — Les mesures qui restreignent la capacité des femmes reposent sur les mêmes idées que Caton avait cherché à faire prévaloir en demandant le maintien de la loi Oppia ; ce fut sa revanche. Il s'agit de développer ou de maintenir le principe ancien de la dépendance de la femme. La tutelle des femmes est encore en pleine vigueur. Mais la *tutoris optio* qui servira aux femmes à s'affranchir de tout contrôle sérieux, en se choisissant pour chaque acte à autoriser un tuteur spécial, comparse complaisant et muet, s'est déjà introduite. Tive-Live nous rapporte en effet que le sénat conféra la *tutoris optio* à une femme qui avait découvert aux magistrats l'affaire des Bacchanales (1). En outre ne tombent sous la tutelle légitime des agnats que les femmes qui ont recueilli *ab intestat* la succession de leur *paterfamilias* (2). Qu'elles aient été instituées héritières, et elles échappent au seul contrôle sérieux celui de leurs héritiers présomptifs.

La loi Voconia combla cette lacune du vieux droit en défendant à tout citoyen dont la fortune constatée par le

---

1. Tile-Live, XXXIX, 19.
2. Accarias, I, p. 394.

cens était égale ou supérieure à 100.000 as d'instituer une femme. Cette loi présentée par le tribun du peuple Q. Voconius Saxa fut appuyée vigoureusement par Caton « *magna voce suasit* ». Elle est environ de l'an 168 av. J.-C. (1).

Tite-Live (2) qui nous a conservé ces détails lui attribue nettement les motifs que nous avons donnés. Il la présente comme une loi somptuaire. On craignait, dit-il, que par suite de cet accroissement des fortunes publiques et privées les femmes, naturellement portées au luxe et à la toilette, excitées par le spectacle de tant de richesses nouvelles, ne se laissassent aller à des dépenses immodérées et que les anciennes mœurs ne se perdissent. Il est vrai que Tite-Live semble indiquer qu'on veut conserver en même temps la fortune des familles riches (3). Y eut-il véritablement le désir de maintenir la puissance de l'aristocratie ? c'est d'autant douteux que la loi du tribun Voconius ne fut qu'un plébiscite. Aulu Gelle nous l'apprend (4).

Cette loi que Cicéron traite d'injuste dans son « *De Republica* » (5) devait excepter de sa disposition la fille du testateur mais en ne permettant qu'un legs modeste. Le même passage de Cicéron nous l'indique mais sans

1. Accarias, I, p. 22. M. Cagnat *(Etude historique sur les impôts indirects chez les Romains)*, p. 175, donne la date de 169.
2. XLI. 28 épitome.
3. « *Inde fiebat ut illustrissimarum sœpe familiarum bona in alienas domos transfunderentur.* »
4. « *Plebiscito Voconio* », dit-il, XX, 1.
5. VII, 10.

qu'il soit possible de se rendre compte de la façon dont était calculée la quotité du legs.

L'épitome de Tite Live nous donne le sommaire du discours par lequel Caton appuya la proposition de Voconius (1) ; il y a là un trait de mœurs curieux et qui montre comment les rigueurs du vieux droit classique étaient éludées en fait par les femmes riches. Ont elles recueilli un héritage, dit Caton, elles en retiennent une partie par devers elle, qu'elles prêtent ensuite à leur mari dont elles deviennent les créancières. Puis quand elles croient avoir à se plaindre de lui « *quoties iratœ essent* », elles envoient un esclave particulier poursuivre leur mari, comme elles feraient d'un débiteur ordinaire. « *Hac indignatione commoti legem uti rogabat Voconius accipiendam censuerunt* », ajoute l'historien. Le trait avait porté juste, il devait y avoir dans les comices plus d'un mari débiteur de sa femme.

La loi Voconia dura assez longtemps. A l'époque de Cicéron, elle a encore force de loi et l'orateur se plaint de ne pouvoir instituer sa fille pour plus de 3 millions de sesterces, tandis que celle de Crassus, en la supposant fille unique, pourrait recevoir 100 millions (2), Gaïus nous la présente comme encore en vigueur de son temps (3), mais les fidéicommis en usage depuis Auguste permettent de la tourner. C'est ce qui explique qu'Aulu Gelle

3. XLI, 28.
1. *De Republica*, III, 10.
2. II, 274.

contemporain de Gaïus dise au contraire qu'elle est abrogée (3).

Remarquons que la loi Voconia provoqua une réforme des jurisconsultes qui fut encore plus préjudiciable aux femmes ; on conjecture généralement que c'est de cette disposition que l'on fit dériver l'exclusion des agnates autres que les filles et sœurs du défunt, exclusion que l'ancien droit n'avait pas connue (1).

On a conjecturé que la loi Voconia avait établi en même temps un impôt sur les successions. En ce sens on cite un passage du Panégyrique de Trajan par Pline le jeune qui indique la loi Voconia comme une de celles qui enrichissaient le trésor. « *Locupletabant et fiscum et œrarium non tam Voconiœ et Juliœ leges, quam majestatis singulare et unicum crimen corum qui crimine vacarent* (2) ». Seulement il faut admettre que cet impôt n'existait plus au temps de Cicéron, car dans une lettre à Atticus écrite en 59 av. J-C, il se plaint qu'après la distribution aux vétérans des terres de la Campanie et la suppression des douanes d'Italie, il ne reste plus de ressources à la République que dans les tributs des sujets » *Portoriis Italiœ sublatis, agro Campano diviso, quod vectigal superest domesticum, prœter vicesimam* » (1) (Il s'agit du 1/20 sur les affranchissements).

1. «*Omnia tamen hæc obliterata et operta sunt* » XX. 1. Cpr Accarias, I, p. 824.

2. Cpr. *Sentences de Paul*, IV, 8-22.

3. Panég. 42.

4. *Ad Atticum* II 16.

D'autre part, Appien rapporte que les triumvirs ayant voulu établir un impôt sur les successions probablement par imitation de l'Egypte, ils en furent empêchés par le soulèvement du peuple (1). Enfin l'impôt du 1/20 sur les hérédités, *vicesima hœreditatum*, fut établi comme une mesure nouvelle, par Auguste en l'an 6 après J.-C. (2)

Aussi est-il très douteux que l'on puisse conclure de la seule phrase de Pline à un véritable impôt sur les successions, que la loi Voconia aurait établi (3). Ne pourrait-on pas conjecturer avec plus de vraisemblance qu'elle sanctionnait la défense d'instituer des femmes par une amende ou une confiscation de tout ou partie de la succession laissée à une femme malgré ses prescriptions ? Elle aurait ainsi contribué à enrichir le trésor de la même façon que les lois caducaires et les accusations de lèse majesté auxquelles Pline la compare.

Il faut placer vers l'époque dont nous nous occupons la loi Plætoria, dont Plaute nous parle déjà. Le nom exact de cette loi, que les anciens commentateurs appelaient loi Lœtoria ou Lectoria, d'après les manuscrits (4), nous a été révélé par des tables de bronze contenant des fragments de plébliscites, trouvées en 1732 et 1735 près d'Héraclée, et qui paraissent remonter au viiᵉ siècle de Rome Son but fut probablement de remédier aux inconvénients

1. Appien *de Bell. civ.* V. 67.
2. Dion LV, 24 et 25. Suétone Auguste. ch. 45.
3. Cpr : Cagnat. *Op. Citat*, p. 175 et suivantes et J. Marquardt *De l'organisation financière chez les Romains*, traduction Albert Vigué. p. 336.
4. Heineccius *Hist. Jur. roman.* 1 ch. 3. 99.

de l'ancien droit romain qui fixait la majorité civile à l'époque de la puberté. Elle reporta à l'âge de 25 ans (1). la capacité complète de contracter des obligations, en déclarant nuls ou tout au moins annulables les engagements des adolescents pubères qui n'avaient pas atteint cet âge.

La loi des 25 ans m'a ruiné, fait dire Plaute à un jeune dissipateur, personne n'ose plus me prêter. La loi est la même pour moi, répond son interlocuteur, marchand d'esclaves et usurier, je n'ose plus prêter.

Callidorus. — « Perii ! an non tum lex me perdit quina vicenaria? Metuunt credere omneis.
Ballio. — Eadem est mihi lex, metuo credere (2).

Ce passage nous montre que la loi Plætoria défendait de prêter aux mineurs de 25 ans ; on a même soutenu que c'était là sa seule disposition et que, comme le sénatus-consulte Macédonien que nous retrouverons plus tard, elle ne visait que les emprunts des mineurs, les obligations nées du *mutuum* (3).

La sanction de la loi Plætoria était tout d'abord une accusation ouverte à tous contre le créancier qui avait abusé de la faiblesse du mineur. Cicéron l'appelle « *judi-*

1. Ce fut dès lors *l'œtas legitima* ou «*perfecta*» Code Theodosien C 2. *De donationibus*. VIII 12, Ulpien FF 1. 21. *De min.* IV 4.

2. Pseudolus. Acte I, scène 3, vers 315.

3. On s'appuie encore pour soutenir cette opinion sur un passage de Suétone cité par Priscien, qui dit que la loi Plætoria défendait aux mineurs de 25 ans de stipuler. Cpr. en sens contraire Jacques Godefroy. *Commentaire de la loi 2 de Donationibus*, au Code Théodosien.

cium publicum rei privatœ » (1). Cette action entraînait sans doute pour le créancier condamné la peine de l'infamie qui résultait du *judicium publicum* (2). Cette conjecture est confirmée par les tables d'Héraclée qui dans la liste des personnes indignes de figurer dans l'Ordo ou Curie municipale mentionnent ceux qui ont été condamnés en vertu de la loi Plætoria « *quive lege Plætoria ob eam ve rem, quod adversus eam rem fecit, fecerit, condemnatus erit* ». Or M. de Savigny a fait remarquer que tous les incapables énumérés par les tables d'Héraclée ont été frappés de peines entraînant l'infamie (3).

Il est certain aussi que la loi Plætoria donnait au mineur circonvenu «*circumscriptus* » une exception pour repousser l'action du créancier qui réclamait l'exécution de l'obligation. Paul en effet énumérant les exceptions « *rei cohærentes* », c'est-à-dire que les fidéjusseurs peuvent opposer du chef du débiteur principal ajoute « *Idem dicitur et si pro minore viginti quinque annis circumscripto quis fidejusserit* (4). »

Faut-il aller plus loin et donner au mineur une action pour réclamer avant toute poursuite du créancier l'annulation de son engagement? On l'a soutenu, en s'appuyant sur un texte assez vague de Plaute. Allons devant le juge, dit un débiteur, nous allons voir si je ne prouve pas que

1. « *Inde judicium publicum rei privatæ lege Lætoria.* » Cicéron *De natura Deor.* III, 3. Cpr. *De Officiis*, III, 15.
2. Macer, FF 7 *De publ. jud.* XLVIII. 1,
3. Cpr. FF 1. *De his qui not.* III 2.
4. Paul. FF 1. *De exceptionibus*, XLIV, 1. Cpr. Paul FF 19. *De novationibus*, XLVI. 2.

Je suis mineur de 25 ans.

« *Cedo quicum habeam judicem,*
Ni dolo malo instipulatus sis, nive etiam dum siem
Quinque et viginti gnatus annos (1). »

D'autres commentateurs ont même dit, que l'on accordait l'*in integrum restitutio*, mais on a répondu très justement que l'acte étant nul en droit, il n'était point besoin de recourir à ce moyen extraordinaire de l'*in integrum restitutio*.

Ajoutons que pour permettre aux mineurs de retrouver un peu de crédit, la loi Plætoria les autorisa à se faire nommer, quand ils avaient des actes importants à passer un curateur spécial dont le concours et l'assistance mettai[t] le créancier à l'abri des poursuites du *judicium publicum,* et de l'exception de la loi. L'historien Julius Capitolinus nous raconte en effet que Marc Aurèle décida que tous les adolescents pourraient recevoir des curateurs, sans avoir à justifier des causes de leur demande ; et il ajoute qu'auparavant on n'en donnait qu'en cas de prodigalité, de démence ou en vertu de la loi Plætoria. « *De curatoribus vero, quum ante nonnisi ex lege Lectoria, vel propter lasciviam, vel propter dementiam darentur, ita statuit ut omnes adulti curatores acciperent non redditis causis* (2). »

Enfin dans cet ordre d'idées il faut nommer encore la loi Cincia sur les donations, antérieure du reste aux précédentes puisqu'elle fût portée vers l'an 205 ou 204 av. J.-C., et dont l'effet fut certainement de rendre les donations plus difficiles et plus rares. Caton dans le discours

1. Rudens. Act. V, Scène 3, vers 136.
2. Capitolinus. Marc-Anton. Philos. chap. X.

que lui prête Tite Live contre l'abrogation de la loi Oppia
l'attribue au désir de faire cesser les cadeaux que les sénateurs exigeaient de la plèbe (1). Si l'on rapproche cette
indication de ce que l'on sait que la loi Cincia défendait
aux avocats de recevoir des honoraires, on doit y voir un
effort pour limiter l'enrichissement toujours croissant de
l'aristocratie et modérer par là ses dépenses.

V — Nous serons brefs sur la censure de Caton dont
l'histoire se trouve racontée partout. On se figure aisé-
ment du reste quelle arme fut aux mains de Caton et à
pareille époque le redoutable pouvoir de la censure. Excité
par le spectacle du luxe qui commençait et de la corruption des mœurs qui grandissait déjà, soutenu par un
parti encore puissant, le défenseur de la loi Oppia, le
rude adversaire des femmes dut être impitoyable.

Les Censeurs, bornés à l'origine au rôle assez modeste
en apparence d'opérer le recensement des citoyens et de
les répartir suivant leur fortune dans les cinq classes,
avaient vu grandir rapidement leur mission et leurs
pouvoirs. Non seulement ils vérifiaient souverainement
l'exactitude de la déclaration des citoyens, mais ils exer-
çaient par le « *regimen morum* » un contrôle absolument
sans limite sur la vie privée. Ils pouvaient en effet écar-
ter un citoyen de la classe où sa fortune l'aurait dû placer
ou même le reléguer parmi les indigents, *apud œrarios*,
et par là amoindrir ses droits politiques. Cela s'appelait

---

1. Tite Live XXXIV, 4. « *Quid legem Cinciam de donis et mune-*
ribus (excitavit) nisi quia vectigalis jam et stipendiaria plebes esse
senatui cœperat ? »

« *Tribu movere* » ou « *tribubus omnibus movere, œrarium facere* ». Ils le faisaient en le frappant d'une « *nota* » ou *animadversio censoria,* » qui emportait selon les degrés l'ignominie « *ignominia* » ou la diminution d'honorabilité *minutio existimationis.* » Si celui qu'ils frappaient ainsi était sénateur ou chevalier, l'effet de la note censoriale était plus grave encore ; le citoyen était rayé des listes du sénat, ou de l'ordre équestre. (1)

Ajoutons qu'à l'époque de Caton les censeurs ont, en outre, le choix des sénateurs, la *lectio senatus,* qu'une loi Ovinia leur a conféré au ve siècle de Rome, l'enlevant au Sénat lui-même ; ils doivent choisir les nouveaux sénateurs parmi les anciens magistrats ou les magistrats en exercice. Cette condition, lorsque l'étendue du territoire romain aura multiplié le nombre des magistrats, rendra illusoire le droit des censeurs. Au temps de Caton elle leur laisse encore toute leur liberté.

Ce pouvoir si considérable, les censeurs l'exercent souverainement. Ni recours au peuple, « *provocatio ad populum* », ni intervention des autres magistrats « *intercessio* », ne peuvent suspendre les effets de la décision censoriale. Aucune responsabilité une fois sortis de charge ; aucune autre condition de forme que celle que l'usage imposa de bonne heure de motiver la note. Plus tard, une loi proposée par Claudius soumettra la décision des censeurs aux conditions des accusations publiques et

---

1. Cpr: Cicéron *De legibus* III **3.** Plutarque *Vie de Caton* ch. **23.** Mispoulet, *Les Institutions politiques des Romains.* Tom. II, p 97 et suiv. Willems. *Le droit public romain* p. 282 et suiv.

exigera un débat contradictoire ; cette disposition durera peu d'ailleurs ; édictée en 58, elle sera abrogée en 52 av. J.-C. Au temps de Caton leur pouvoir est illimité (1). La seule condition nécessaire est l'accord des deux censeurs, le seul contrôle l'opinion publique, le seul tempérament à leur pouvoir l'effet temporaire de leur décision ; la note ne vaut que pour un lustre ; au cens suivant elle peut être ou effacée ou maintenue par les nouveaux censeurs. Remarquons d'ailleurs que le pouvoir censorial ne s'exerce que sur les hommes, sur les citoyens soumis au cens (2).

Notons enfin qu'à ces pouvoirs s'ajoutent des fonctions financières assez considérables, administration du domaine, direction des travaux publics, marchés avec les fermiers des impôts. Pour cette catégorie d'actes d'administration ou de finances, il y a *provocatio ad populum et intercessio* possibles (3).

On voit par cette simple énumération le rôle considérable, et les effets puissants de ce « *regimen morum* » des censeurs. Les motifs de la note censoriale appartiennent essentiellement à l'ordre privé. C'est une appréciation souveraine de la moralité et de l'honorabilité que feront les censeurs ; et par là ils exerceront sur les mœurs une action puissante ; ils auront en mains l'honneur, la considération, la position sociale, la fortune même des citoyens, par le *tributum ex censu* auquel leur estimation des fortunes sert de base (1).

1. Bouché, Leclerq, *Manuel des institutions romaines*, p. 67.
2. Willems, *Loco citato*.
3. Tite-Live, XLIII, 6.

Dubost

Ils agissent sur les mœurs par les édits « *edicta* » qu'ils publient et où ils indiquent les bases futures de leurs décisions, de leurs notes. Ces édits, (2) que nous retrouverons fréquemment dans la suite, règlent la vie privée des citoyens, leur costume, leurs habitations, leurs repas, leurs dépenses. La sanction de la prohibition est la note des censeurs.

On devine l'usage que dût faire Caton d'un tel pouvoir. Il poursuivit impitoyablement tous les partisans des idées et des mœurs nouvelles, tous ceux qu'il savait favorables à la mollesse et au luxe des grecs ou des orientaux ; il punit sévèrement ceux que la corruption avait déjà gagnés. Il enleva son cheval à L. Scipion, frère de l'Africain et vainqueur d'Antiochus ; il chassa du sénat L. Flaminius frère du vainqueur de Philippe ; il poussa la sévérité jusqu'à dégrader un sénateur pour avoir donné un baiser à sa femme en présence de sa fille : « Hélas ! s'écrie Michelet, que signifiait ce respect exagéré de la pudeur dans une cité toute pleine des complices des bacchanales (3) ? »

Il n'usa pas moins rigoureusement de ses pouvoirs d'administration financière. Il fit enlever tous les condüits

1. « *Quæ deinde (censura) tanto incremento aucta est, ut morum disciplinæque romanæ penes eam regimen, senatus equitumque centuriis decoris, dedecorisque jus privatorumque locum, vectigalia populi romani sub nutu atque arbitrio essent* », dit Tite-Live, IV, 8.

2. Ce sont ces édits que Pline « *censoriæ leges,* » XXXVI, 2.

3. *Histoire Romaine*, II, p. 103.

que les particuliers avaient établis pour dériver l'eau des aqueducs publics, et ordonna de démolir dans les trente jours tout ce qui avait été construit sur la voie publique. Il exigea des fermiers d'impôts des prix très élevés ; on sait que la ferme des impôts fut à Rome le privilège d'une classe de l'aristocratie, les chevaliers (1).

Enfin, ce qui nous intéresse tout spécialement, il établit un impôt sur les objets de luxe. Il fixa à une certaine somme 15.000 as le maximum des objets de luxe, vêtements de femmes, bijoux, chars *etcœt* que l'on pouvait posséder. Jusqu'à ce chiffre rien n'était changé à l'ancien état de choses ; les objets de luxe étaient compris dans la déclaration pour le cens, qui devait porter sur toute la fortune mobilière ou immobilière et assujettis au taux ordinaire de l'impôt.

Mais pour les objets de luxe qui dépassaient le maximum de 15.000 as, et pour les jeunes esclaves dont le prix était supérieur à 10.000 as, Caton portait tout cela, sur les registres du cens au décuple de la valeur réelle, et il les soumettait ainsi estimés à un impôt de 3 as pour mille.

En tenant compte de l'estimation au décuple cela revenait à un impôt de 3 0/0 de la valeur réelle, ce qui est peu de chose pour un impôt somptuaire. Cependant, si l'on en croit Plutarque, cette mesure souleva une indignation générale des riches contre un censeur si sévère et valut à Caton bien des haines et des inimitiés. Il faut pour comprendre l'effet de cette mesure se rappeler que le taux ordinaire que le Sénat fixait annuellement pour le *tributum ex censu* était très faible, il variait de 1 à 2 ou 3 pour

1. Tite Live, XXXIX, 44.

mille. C'était un impôt 20 fois plus fort dont Caton frappait les objets de luxe (1).

VI. — Il nous reste à parler des lois rendues à cette époque et sous l'inspiration de Caton ou de son parti, pour modérer le luxe de la table. Ces lois sont les premières d'une série de dispositions très nombreuses, dont nous ne connaissons probablement que les principales (2).

La première fut la loi Orchia proposée par le tribun C. Orchius trois ans après la censure de Caton, nous dit Macrobe, ce qui nous reporterait à l'année 181 ou 180 av. J.-C. Tout ce que nous en savons c'est qu'elle limitait le nombre des convives qu'il était permis d'inviter « *Cujus verba quia prolixa sunt præetereo; summa autem ejus præscribebat numerum convivarum* » dit Macrobe(3). Bien faible moyen contre les excès de la table ; il est vrai qu'à cette époque le luxe de table devait être encore assez modéré : il commençait à peine. On se mit à préparer les repas avec plus de soin et de dépense, dit Tite Live parlant de cette époque, et les cuisiniers placés jusque là au dernier rang des esclaves commencèrent à être estimés et appréciés. Mais tout ce qu'on voyait alors ajoute-t-il n'était que le germe d'où sortit ensuite le luxe romain « *Vix tamen illa, quæ tunc conspiciebantur, semina futuræ luxuriæ* (4) ». Le plus grand luxe des fes-

---

1. Tite-Live XXXIX, 44. Plutarque. *Vie de Caton* ch. 26. Cpr. Marquardt *op. citat.* p. 211 et suiv. 215.

2. « *Tot numero leges de cœnis et sumptibus ad populum ferebantur* » Macrobe, Saturn. II, 13.

3. Saturn. II. 13

4. Tite-Live XXXIX. 6.

tins de cette époque est l'usage, qui commence à s'importer d'Asie, des joueuses de harpe ou de cithare et des
danseuses. C'est d'ailleurs une remarque générale à faire
que le luxe de la table fut surtout à Rome un luxe
d'accessoires ; le fond du repas restait souvent assez
simple ; le faste y eût toujours plus de place que la gourmandise.

La loi Orchia semble, d'après ce que dit Macrobe, avoir
été inspirée par Caton ; en tous cas il s'efforça d'en procurer l'application et dans ses discours il tonnait « *voci-
ferabatur* », contre ceux qui en transgressaient les dispositions (1).

Il paraît d'ailleurs qu'elle fût mal observée et qu'on
sentit vite le besoin de la renouveler. Ce fut le but de la
loi Fannia rendue d'après Macrobe en l'an 592 de Rome,
162 av. J.-C., (2). Mais il faut remarquer que Macrobe
s'autorise sur ce point d'Aulu Gelle qui, dans le passage
que nous possédons sur la loi Fannia, ne parle point de
sa date. De plus Macrobe prétend qu'il s'écoula vingt-
deux ans entre la loi Fannia, et la loi Orchia. Or de 162 à
181, date qu'il donne pour la loi Orchia en la prétendant
de trois ans postérieure à la censure de Caton, il n'y aurait que dix-neuf ans ; il reste donc un doute sur la date
exacte de la loi Fannia (3).

L'origine de cette loi est, suivant Aulu-Gelle (4), assez

1. Saturn., II, 13,
2. Saturn., II, 13.
3. Cpr. Plin, H N., X, 71.
4. Aulu-Gelle, *Nuits Attiques*, II 24

curieuse. A l'occasion des jeux Mégalésiens les riches citoyens de Rome étaient dans l'habitude de se donner mutuellement des festins. Les consuls C. Fannius et M. Valerius Messala imaginèrent d'exiger d'eux le serment de ne pas dépenser pour chaque repas plus de 120 as, sans y comprendre les légumes, la farine et le vin, de ne servir aucun vin étranger, et de ne pas mettre sur la table plus de cent livres d'argenterie. Ce fut l'objet d'un Sénatus-consulte. Le procédé, ayant paru bon, fut étendu à tous par la loi Fannia rendue sous le consulat du même Fannius. Cette loi réglait la somme à laquelle pouvait monter chaque jour la dépense de table. Le chiffre ordinaire était de 2 as : il était élevé à 30 as pour dix jours marqués par la loi dans chaque mois. Enfin à certains jours de fête que la loi désignait, et dont Aulu-Gelle nous énumère quelques-uns on pouvait dépenser jusqu'à cent as. L'auteur des *Nuits Attiques* cite à cette occasion les mots du vieux poète Lucilius « *Fanni centussis misellos* » les misérables cent as de Fannius » (1).

Nous savons enfin par Pline qu'elle défendait de servir d'autre volaille qu'une seule poule et à condition qu'elle ne fût pas engraissée ; disposition, dit Pline, qui s'est ensuite promenée dans toutes les lois « *quod deinde caput per omnes leges ambulavit* ». Il ajoute que l'on tournait la loi en nourrissant de pain et de lait de jeunes poulets, ce qui en rendait la chair forte délicate (2).

1. II 24.
2. H. N. X. 71.

La loi Fannia limitait aussi le nombre des convives
semblable en cela à la loi Orchia ; on ne pouvait avoir
plus de trois étrangers les jours ordinaires et cinq les jours
de marché. Athénée, qui rapporte cette disposition, prétend
qu'il n'y eût que trois romains qui se soumirent à la loi
Fannia ; Mucius Scevola (le troisième), Cœcilius Tubero
et l'historien Rutilius Rufus. (1)

Dix ans après la loi Fannia, dit encore Macrobe (2),
fut portée la loi Didia qui, bien que postérieure à
Caton (il mourut selon Plutarque, dès le début de la troisième guerre punique) (3), se rapporte cependant à l'époque que nous étudions, car elle ne fit, si l'on en croit
l'auteur des Saturnales, que compléter la loi Fannia et en
assurer l'exécution. Macrobe l'attribue en effet à deux
causes : les italiens prétendaient, paraît-il, que la loi
Fannia n'était obligatoire que pour Rome ; on voulut les
soumettre aux lois somptuaires ; on voulut aussi assujet-
tir aux peines qu'elle édictait sans doute, non seulement
l'amphytrion qui donnait un festin trop somptueux, mais
les convives qui avaient partagé le repas et la faute (4).
Elle ne fit donc qu'étendre la loi Fannia et c'est peut être
pourquoi Aulu Gelle n'en parle pas dans son énumération
des lois somptuaires.

Pour compléter l'étude de cette époque de transition et
de lutte, il faut noter encore un édit des censeurs P. Lici-

1. Athénée Deipnos. VI 13.
2. Saturn, II, 13.
3. Plutarque, *Vie de Caton*, ch., 42.
4. Macrobe, II, 13.

nius Crassus et L. Julius Cœsar qui, en l'an 565 de Rome, 189 av. J.-C., défendirent de vendre des parfums étrangers « *qui Antiocho, Asiaque devictis, Urbis anno DLXV edixerunt ne quis venderet unguenta exotica : sic enim appellavere,* » dit Pline (1). C'était la première loi sur les parfums depuis les XII Tables. L'usage en devait être assez répandu déjà. « *Non omnes possunt olere unguenta exotica,* » dit un personnage de Pline (2). Interdire les parfums exotiques c'était en fait les interdire presque tous, car l'Italie n'en produisait guère : aussi cette prohibition paraît-elle avoir été assez mal observée.

Enfin quelques années plus tard, en 155 av. J.-C., un sénatus-consulte rendu sous l'inspiration de Scipion Nasica « *auctore P. Scipione Nasica* », dit Valère Maxime, ordonna de disperser et vendre à l'encan les matériaux du premier théâtre que l'on eût essayé de construire à Rome ; l'indignation avait été d'autant plus grande que c'étaient les censeurs qui avaient pris l'initiative de cette nouveauté dangereuse. Le même sénatus-consulte défendit à tout citoyen de placer des bancs et de s'asseoir soit dans l'enceinte des jeux, soit dans la ville ou à moins d'un mille de la ville ; afin sans doute, dit Valère Maxime, que la mâle habitude de se tenir debout distinguât les romains, même dans leur repos « *ut scilicet remissioni*

---

1. H. N. XIV 16.

2. Mostella acte I, scène. I, Cpr. Pastoret *Op. citat.* III, p. 350, et les reproches de Scipion Æmilien à Sulpicius Gallus dans Aulu Gelle VII, 12. « *Nam qui quotidie unguentatus,* etc. »

animorum juxta standi virilitas propria romanœ gentis nota esset » (1).

1. Valère Maxime II, 4. Cpr. Saint Augustin, *Cité de Dieu,* I, 28.

CHAPITRE III

I. — Entre la loi Didia, la dernière des lois somptuaires dues à l'inspiration de Caton, et la plus ancienne de celles qui suivent, il s'écoule une trentaine d'années.

Pendant cet espace de temps le parti des adversaires du luxe ne cessa pas le combat; il lutta seulement par des armes différentes. C'est la période des Gracches. Et si leurs tentatives n'avaient été trop tardives, si la classe des prolétaires, sur laquelle ils cherchèrent un point d'appui, n'eût été déjà trop abaissée pour les comprendre et trop faible pour les soutenir, nul doute que l'application des lois agraires, en réprimant les usurpations de l'aristocratie et en reconstituant la classe moyenne des cultivateurs italiens, n'eût opposé au développement du luxe, une barrière plus solide que toutes les mesures somptuaires qu'imaginèrent jamais Caton ou ses partisans. On sait comment leur entreprise échoua misérablement et par deux fois, et comment ils payèrent de leur vie cet essai trop tardif de réaction et de réforme.

Le luxe et la richesse continuèrent à grandir, et les

lois à régler minutieusement quelques points de détail. C'est même un spectacle assez curieux que ce débordement d'opulence et de faste au milieu duquel les lois interviennent pour interdire certaines délicatesses de table ou régler quelque infime fraction de ce luxe qui va croissant sans mesure. Il semble, à observer de près les choses, que les vieux républicains continuent par coutume, par respect pour les mœurs anciennes et les usages reçus la lutte dont Caton a donné le signal. C'est une tradition qui se perpétue, mais sans que personne ne croie plus à l'efficacité des lois ni des édits somptuaires ; ce qui semble l'indiquer c'est une phrase de Macrobe, dans son énumération des lois somptuaires; parlant de la loi proposée par Lépide, l'année de la mort de Sylla il dit : « *Lepidus consul legem tulit et ipse cibariam : Cato enim sumptuarias leges cibarias appellat* (1) ». C'est si bien les lois somptuaires de Caton que l'on continue qu'on en conserve encore le nom, et que si l'on ne s'occupe que de la table c'est parce que les lois somptuaires de Caton ne visaient que la table. Tant il y a là une tradition que l'on continue sans en oser espérer une modération impossible du luxe.

Le parti de l'austérité lutte donc toujours, mais il ne lutte plus que pour la forme. Jusqu'à ce qu'un maître arrive, Sylla ou César, qui conçoit un système d'ensemble et essaie, aussi inutilement du reste que ses devanciers de faire revivre les vieilles mœurs. Mais si sa tentative est vaine, elle est au moins sérieuse. C'est ce qu'on ne peut dire des lois somptuaires qui nous restent de cette

1. II, 13.

époque qui va de la mort de Caïus Gracchus (121 av. J.-C.) à la dictature de Sylla.

La première loi que nous rencontrons est la loi Æmilia, rendue en l'an de Rome 639 = 115 avant Jésus-Christ. Cette loi, dont ni Macrobe ni Aulu Gelle ne font mention, fut proposée par le consul, M. Æmilius Scaurus. Pline nous en a conservé les dispositions principales; elle défendait de servir des loirs, des coquillages « *conchylia* », et des oiseaux exotiques « *aut ex alio orbe convectas aves* ». Pline nous rapporte en même temps que l'on engraissait dans des tonneaux les loirs que l'on destinait à la table (1). Quant aux coquillages, nous savons que les Romains connurent d'assez bonne heure les parcs d'huîtres et d'escargots (2).

Notons en passant deux autres passages de Pline qui nous révèlent quelques autres prohibitions des censeurs, analogues à celles de la loi d'Æmilius Scaurus. Quelques lignes plus haut il nous dit en effet qu'il y eut de longues pages d'édits censoriaux, prohibant certaines parties des porcs, qu'il énumère et que recherchait particulièrement la gourmandise romaine (3). Il ne donne aucune date, mais il parle du mime Publius Syrus, contemporain de César, ce qui reporte ces édits vers la fin de la Républi-

1. VIII, 81.

2. Varron. *De re rustica*, III, 15.

3. « *Hinc censoriarum legum paginæ, interdictaque cænis abdomina, glandia, testicula, vulvæ, sincipita, verrina ; ut tamen Publii mimorum poetæ cæna, postquam servitutem exuerat, nulla memoratur sine abdomine etiam vocabulo suminis ab eo imposito.* » VIII, 77.

que. Puis dans un des derniers livres de son *Histoire naturelle*, il confirme l'existence de toutes ces prohibitions en les rapportant toutes aux censeurs. « Il y a des édits des censeurs, dit-il, qui défendent de servir dans les repas des loirs, des glandes de porcs, et d'autres délicatesses inutiles à mentionner (1). »

La loi Licinia suivit la loi du consul Æmilius Scaurus Cette loi portée par P. Licinius Crassus, petit-fils de Licinius Stolon, en l'an 107 avant J. C, a beaucoup d'analogie avec la loi Fannia, dont elle eût surtout pour but de faire revivre les dispositions un peu oubliées (2). Elle fut accueillie avec tant de faveur par les honnêtes gens, nous dit Macrobe, qu'un sénatus-consulte en ordonna l'exécution avant même que le peuple l'ait confirmée (3). Elle fixe comme la loi Fannia le chifre des dépenses qu'il est permis de faire pour la table. Aux jours ordinaires on ne doit pas dépasser 3 as : à certains jours de fête, aux kalendes, aux nones et aux jours de marché, la loi accorde cent as ; on peut aller jusqu'à 200 as quand il s'agit de célébrer des noces. Enfin la loi Licinia limitait pour les jours ordinaires la consommation de viande sèche à 3 livres et de poisson salé à une livre, laissant toute liberté pour les fruits et les légumes (4) Aulu Gelle cite à ce propos un passage assez curieux du poète Lœvius ; Lœvius décrit un festin où l'on observe la loi Licinia, et il s'écrie :

1. XXXVI 2.
2. Saturn II. 13.
3. Saturn II. 13.
4. Aulu Gelle II. 24 ; Macrobe II. 13.

« *Lex Licinia introducitur, lux liquida hœdo redditur.* »

On sert pour toute régal la loi Licinia, et le chevreau qu'on allait tuer revoit la lumière du jour (1).

On conjecture que c'est pour avoir voulu faire abroger la loi Licinia que Duronius fut chassé du Sénat par les censeurs, M. Antonius et L. Flaccus. Valère Maxime nous dit en effet que Duronius : « *legem de coercendis conviviorum sumptibus latam tribunus plebis abrogaverat* » (2)

Notons vers la même époque, 89 av. J.-C. un édit des censeurs P. L. Crassus et L. Julius Cæsar qui défend de vendre les vins d'Amminée (en Campanie) et les vins Grecs plus de 8 as. le quadrantal (25 litres 92). « *Ne quis vinum Graecum ammineumque plus octonis œris singula quadrantalia venderet.* » Pline qui rapporte cet édit, ajoute que le vin grec était si estimé qu'on n'en servait alors qu'une fois par repas, et que Lucullus racontait qu'il n'en avait jamais vu donner davantage chez son père (3).

Pour les vins d'Amminée nous avons le témoignage de Virgile qui nous les montre encore estimés de son temps.

Sunt et Ammineœ vites, firmissima vina,
Tmolus et assurgit quibus, et rex ipse Phanœus,
Argitisque cuiminor, non certaverit ulla
Aut tantum fluere aut totidem durare per annos » (4).

1. Aulu Gelle II 24.
2. Valère Maxime II 9.
3. Pline XIV 16 et 17.
4. Céorgiques, II vers 96 et suivants.

II. — A mesure que nous avançons les dépenses et la corruption s'accroissent, et à l'époque où nous sommes arrivés il semble qu'elles ne puissent plus grandir. C'est le temps de Marius et de Sylla. C'est l'époque des proscriptions.

Enfin Sylla est au pouvoir. A peine maître de l'Etat, ce prodigue, ce débauché qui jetait aux filles l'argent des proscriptions et dont les dettes surpassaient encore les rapines, imagine de restaurer les mœurs et de faire revivre les lois somptuaires : « *senescentes etiam reparavit leges sumptuarias* » dit Ammien Marcellin (1). Ce qui caractérise en effet la tentative de Sylla c'est un ensemble véritable de mesures somptuaires. Il ne s'agit plus seulement de lois sur les repas de « *leges cibariæ* » suivant la tradition de Caton ; le dictateur s'attaque à toutes les manifestations du luxe et il leur oppose à toutes des barrières, qu'il semble prendre ensuite plaisir à renverser lui-même.

Il renouvelle d'abord la loi Licinia. Une loi Cornélia fixe à 3 as la dépense des jours ordinaires, à 300 celles des Ides, des Nones, des Kalendes, et des jours de fête. Il agit ainsi, dit Aulu Gelle, pour empêcher les fortunes de se dilapider en festins. (2). Cette idée de maintenir les fortunes de l'aristocratie concorde d'ailleurs assez bien avec ce qu'on sait des vues politiques de Sylla. Elle expliquerait aussi ce que dit Macrobe : il prétend que Sylla

---

1. XVI 5 Cpr Plutarque *Vie de Sylla, passim.*

2. « *Cum plerique ni patrimoniis amplis illuarentur et familiam pecuniamque suam coenarum prandiorumque gurgitibus proluissent* » *Nuits Att.* II, 24.

limita le prix de certaines denrées recherchées, dont on ne comprend même plus le nom à l'époque de l'auteur des *Saturnales* (1). Si Macrobe ne se trompe pas et si la limitation du prix s'adressait bien aux marchands et non aux acheteurs, il faut supposer deux lois de Sylla sur les dépenses de table.

Nous connaissons aussi par Plutarque une loi de Sylla inspirée par le même esprit et qui défendait aux sénateurs d'emprunter au delà de 2000 drachmes. Plutarque remarque qu'en mourant Sylla laissa pour 3 millions de drachmes de dettes (2).

Il n'observait pas plus d'ailleurs les lois sur les repas, et il donna au peuple des festins si magnifiques qu'on jetait tous les jours au Tibre des quantités prodigieuses de viande. Il viola également la loi qu'il avait faite sur le luxe des funérailles la première depuis la loi des XII tables. Il fit à sa femme Metella des bsèques splendides sans s'inquiéter du maximum de dépenses qu'il avait fixé (3). La magnificence n'en fut dépassée que par celle des funérailles que Pompée lui fit faire. Il fut brûlé avec un appareil et une pompe magnifique : il avait ordonné que contrairement à l'usage ancien et constant de la famille Cornélia, son corps ne fut pas enterré mais brûlé. Il se rappellait, dit Pline (4) qui raconte le fait, comment il avait traité Marius et craignait que les partisans de son ancien rival ne fissent subir à son cadavre la peine

1. Sat. II 13.
2. *Vie de Sylla*, ch, 11.
3. *Ibid.* ch, 44. Gpr. sur cette loi Cicéron *ad atti*, XII 35 et 36.
4. H. N VII 55 Gpr. Cicéron. *De legibus*, II, 22.

du talion « *idque eum veruisse meritum talionem, eruto C. Marii cadavere* ».

Il avait porté aussi une loi sur les jeux de hasard. Un fragment de Marcien recueilli au Digeste nous dit en effet que les lois Titia, Publicia et Cornelia permettent de cautionner par la *sponsio* la dette résultant d'un pari pour les jeux de force ou d'adresse et le défendent pour les autres (1).

De son œuvre somptuaire nous ne possédons que des fragments ; ils nous permettent cependant d'y deviner une œuvre d'ensemble et un plan combiné d'attaque contre les excès du luxe et des dépenses. Mais pour réussir il était déjà trop tard ; et puis quelle autorité pouvait avoir un Sylla commandant la simplicité et les bonnes mœurs, et mourant de débauches, épuisé de dépenses et de dettes ?

III. — Après la mort de Sylla, dit Macrobe, le consul Lépidus (*Æmilius Lepidus*) fit porter une loi somptuaire sur les dépenses de table (2). C'est la seconde loi Æmilia sur le même sujet ; la première est celle d'Æmilius Scaurus, en 115 av. J.-C. ; la loi d'Æmilius Lépidus est de 79 av. J.-C. Nous savons seulement par Aulu Gelle qu'elle ne réglait pas les sommes à dépenser (ç'avait été l'objet de la loi Cornélia), mais qu'elle entrait dans le détail des mets prohibés ou permis. « *Qua lege non sumptus coenarum, sed cibarum genus et modus præfixum est* » (3).

1. FF, 3. *De aleatoribus.*
2. Saturn. II 13
3. *Nuits Attiques*, II, 24.

Vient ensuite la loi Antia, portée par Antius Restio Macrobe, qui la traite d'excellente, constate tristement qu'elle fut impuissante devant l'obstination du luxe et la conspiration de tous les vices. « *Quam legem, quamvis esset optima, obstinatio tamen luxuriæ et vitiorum firma concordia, nullo abrogant, irritam fecit* »(1).

La loi d'Antius Restio déterminait non seulement le taux de la dépense, mais énumérait les personnes dont les magistrats ou ceux qui briguaient les magistratures pourraient accepter les invitations. Comme témoignage de l'impuissance de la loi Antia, l'auteur des Saturnales raconte qu'Antius Restio dut s'abstenir désormais d'aller dîner hors de chez lui, pour ne pas être témoin de la violation de la loi qu'il avait proposée.

Aussi Pompée et Crassus étant consuls en l'an 55 av. J.-C., s'efforcèrent-ils de faire porter une nouvelle loi somptuaire. C'est Dion qui nous l'apprend (2). Il n'y parvinrent pas d'ailleurs ; faut-il le regretter et étaient-ce vraiment les lois somptuaires qui manquaient à cette époque ?

Terminons cette énumération par une loi Publicia dont Macrobe (3) nous a conservé la disposition assez curieuse et dont nous ignorons d'ailleurs la date. Les grands avaient pris, paraît-il, l'habitude d'exiger, à l'occasion des Saturnales, des présents dont le fardeau pesait lourdement sur les pauvres gens « *idque tenuiores gravaret.* » Le tribun du peuple Publicius fit défendre d'envoyer,

1. Saturn, II, 13.
2. Dion, XXXIX.
3. I, 7.

sinon à de plus   pauvres que soi, rien autre chose que des bougies de cire : *«tulit non nisi ditioribus cerii missitarentur.* »

Cette loi pourrait bien être d'ailleurs antérieure à notre époque. Ce nom de Publicius rappelle une loi de Publicia que nous avons trouvée citée dans le fragment de Marcien avec la loi Cornelia de Sylla sur les jeux et paris (1). En admettant que les deux lois aient le même auteur, ce qui est possible, car les Saturnales étaient l'occasion de jeux et de divertissements en même temps que de cadeaux, comme il est probable que le vers de Plaute :

« *Ut ne legi fraudem faciam talariæ,* » se rapporte à la loi Publicia sur les paris et les jeux, la loi Publicia dont parle Macrobe serait au plus tard de l'époque de Caton (2).

IV. — Avec César nous retrouvons encore une fois une tentative complète et raisonnée pour combattre le luxe et faire revivre les anciennes mœurs. Nous la devinons plutôt ; comme pour Sylla, nous n'avons que des débris épars de l'œuvre somptuaire de César.

Par une contradiction qui n'est pas rare chez ceux qui, nés dans la vie privée, s'élèvent au pouvoir, ce débauché célèbre essaya de faire revivre la pureté des mœurs, et

1. *F F.* 3. *De aleatoribus.*

2. On retrouve dans les auteurs quelques allusio ns à des lois somptuaires qui nous paraissent se rapporter à des mesures autres que celles que nous avons énumérées. Mais comme de ces lois on ne peut deviner ni les dispositions ni même le nom exact, et qu'on doute parfois de l'existence d'une loi véritable, nous n'en parlons pas ici. Cpr. Boxmann, *op. cit.* p. 52 et 53.

celui qui avait tant détruit entreprit de restaurer la vieille austérité romaine. (1) Il commença par chasser du sénat les sénateurs coupables de concussion, reprenant ainsi tout à coup l'antique sévérité des censeurs du temps
de Caton. Il s'occupa aussi comme tous ceux qui l'avaient
précédé du luxe de la table et fixa comme eux un maximum de dépenses ; il limita enfin, comme l'avait fait la loi
Licinia la quantité de viande à consommer, laissant probablement toute liberté aussi, quant aux fruits et aux légumes (2).

Aulu Gelle nous rapporte même le chiffre de dépenses
fixé par la loi Julia ; c'était 200 sesterces les jours ordinaires, 300 à certains jours de fête, et 1000 aux jours de
noces et pour les repas qui se faisaient aux anniversaires
de mariage (3).

Cette loi à laquelle la correspondance de Cicéron fait
quelques allusions souvent railleuses, il la fit exécuter avec une rigueur qui le fait appeler par Cicéron
notre préfet des mœurs « *noster prœfectus moribus* (4). »
Suétone raconte en effet qu'il plaçait des gardes autour
du marché pour saisir les denrées défendues et les lui
apporter ; et que, non content de ces mesures préventi-
ves, il envoyait en outre de temps en temps des licteurs et
des soldats enlever sur les tables ce qui avait échappé à
la vigilance des gardes du marché.

Il s'occupa également du costume des dames romaines ;

1. Suétone. *César*, ch, 43
2 Cicéron *ad Diversos* IX 15.-26. VII 26 *ad Atticum*. XIII, 7.
3. Ou aux lendemains de noces « *repotiis* » dit Aulu Gelle II, 24.
4. *Ad Diversos*, IX, 15.

sur lequel nous n'avons trouvé depuis la loi Oppia aucune mesure somptuaire.

L'historien Eusèbe nous a gardé le sommaire de la loi somptuaire qu'il fit porter : Elle interdisait en principe aux femmes l'usage des perles et des litières (1). Pour les perles il faut remarquer que le luxe « le plus vain de tous » dit Pline (2), était porté alors à un très haut degré et que César se distinguait même parmi les amateurs de perles par la passion qu'il mettait à les rechercher. Il paya six millions de sesterces une perle dont il fit présent à Servilie, la mère de Brutus ; et on l'accusa même d'avoir entrepris la guerre de Bretagne attiré par la renommée des perles que produisait, croyait-on, cette région éloignée (3). Quant aux litières ce fut lui même qui s'en servit le premier dans Rome (4). A ces prohibitions Suétone ajoute celle des vêtements de pourpre : et Dion dit que la défense des vêtements de pourpre s'appliquait même aux hommes, les magistrats et les sénateurs exceptés (5). Quoi qu'il en soit, par une disposition singulière et qui nous rapproche des lois caducaires, étaient exceptées des prohibitions de cette loi somptuaire les femmes mariées qui avaient des enfants, et celles, qui ayant passé l'âge de quarante cinq ans, ne pouvaient plus espérer en avoir (6).

Un trait que rapporte Suétone montre du reste très bien

1. Eusèbe *Chr. Olymp.* 184.
2. H. N. XIII 4.
3. Pastoret *op. citato.* V p. 107.
4. Pastoret III p. 335.
5. Dion Cassius XLIX. 16. Suétone, *César*, ch 43.
6. Athénée, *loco citato.*

combien l'idée de relever la dignité du mariage et d'augmenter par des enfants légitimes la population libre préoccupait déjà César. Il rompit le mariage d'un préteur parce que la femme que ce magistrat avait épousée n'avait divorcé que depuis deux jours ; et pourtant, dit Suétone, il n'y avait nul soupçon d'adultère, « *quamvis sine probri suspicione* » (1).

Les lois de César n'eurent, il faut bien le dire, guère d'effet sur les mœurs romaines. On leur obéit à peu près tant qu'il vécut. Elles durent être vite oubliées quand sa main puissante ne fut plus là pour en assurer l'exécution. Il paraît même qu'Antoine essaya à son tour de faire une loi somptuaire. C'est Macrobe qui nous l'apprend, et la chose l'indigne venue d'un tel homme (2). Elle est en effet au moins surprenante (3).

V. — On ne peut s'empêcher en parcourant cette longue énumération des lois somptuaires romaines, répétant et renouvelant à quelques années d'intervalle les mêmes prohibitions, de faire des réflexions assez tristes sur l'inutilité de ces efforts si persévérants et si opiniâtres de tant d'honnêtes gens du parti de Caton, du parti de l'austérité. Toutes ces lois furent impuissantes à sauvegarder les mœurs et à rétablir l'antique simplicité des contemporains de Curius Dentatus. Pour lutter contre l'effet com-

1. Suétone. *César*, ch. 43.

2. *Saturn*, II, 13.

3. Nous ne parlons pas pour le moment de l'impôt que César établit sur les marchandises étrangères, c'est-à-dire sur la plus grande partie des objets de luxe. Nous en traiterons au chapitre V en nous occupant des impôts somptuaires.

biné de la contagion des vices orientaux et de l'enrichissement trop rapide qui suivit les grandes conquêtes il eût fallu d'autres armes que les lois somptuaires. Ces lois furent donc impuissantes, et si l'histoire n'était là pour nous l'apprendre, il suffirait de les regarder pour comprendre combien elles devaient reculer tous les jours devant le flot montant des richesses et du luxe. Depuis la loi Fannia qui imagina de régler à une somme fixe la dépense quotidienne de table, toutes les lois que nous connaissons élèvent peu à peu la limite. La loi Fannia défendait de dépenser aux jours ordinaires plus de deux as; la dernière loi analogue dont nous possédions les dispositions est du règne d'Auguste ou de Tibère ; elle accorde, nous le verrons aux jours ordinaires 300 sesterces ou 750 as. On voit combien la loi cédait à l'action plus puissante des mœurs.

Mais si quittant le terrain trop général des mœurs que les lois somptuaires étaient impuissantes à rétablir, on se borne à l'examen des dépenses de table, objet direct de ces lois, et l'on se demande si les lois somptuaires furent observées, et les dépenses restreintes, l'embarras est assez grand pour donner une réponse précise.

Il faut d'abord remarquer un fait sur lequel tous les auteurs s'accordent ; c'est qu'au bout de peu de temps les lois somptuaires tombaient en désuétude ; il fallait les renouveler, les restaurer par l'autorité d'une loi plus récente (1). Et c'est pourquoi tant de lois se succédèrent et se répètent.

1. « *Senescentes etiam reparavit leges sumptuarias* » dit de Sylla Ammien Marcellin, XVI, 5. Cpr. Macrobe. II, 13. Aulu Gelle, II, 24.

Mais durant la courte période où elles restaient en vigueur étaient-elles au moins respectées, ou ne furent-elles jamais que de vaines prescriptions que l'on pouvait enfreindre sans scrupule ni danger ?

Nous avons plusieurs témoignages des auteurs qui semblent devoir faire admettre tout d'abord cette dernière hypothèse et faire supposer que les lois somptuaires ne furent jamais à Rome que de vains épouvantails.

Déjà à l'époque où la sévérité fut la plus grande contre le luxe, Caton se plaignait que la loi Orchia fut mal observée, nous dit Macrobe (1). Athénée nous rapporte que la loi Fannia ne trouva que trois romains pour l'observer (2). Nous avons vu ce que l'on raconte d'Antius Restio qui, après avoir proposé la loi somptuaire qui porte son nom, dut, pour ne pas la voir violer à ses yeux, s'abstenir d'aller dîner hors de chez lui (3). Pline dit de même que le même Publius Syrus ne dîna jamais sans avoir sur sa table des tripes de porc que l'édit des censeurs prohibait cependant.

La correspondance de Cicéron nous offre aussi quelques arguments en ce sens. Il se moque agréablement de ce « préfet des mœurs. » César, avec ses lois somptuaires et ses plaintes sur ce qu'on les néglige ; je me doutais déjà un peu qu'on les négligeait, dit Cicéron : « *idque eram suspicatus* (4). » Il se pose en homme qui s'inquiète peu des lois somptuaires et qui, s'il vit simple-

1. Saturn. II, 13.
2. Athénée Dupnosoph, VI, 13.
3. Saturn. II, 13.
4. Cicéron, *Ad Diversos*, IX, 15, *Ad Attic.*, XIII, 7.

ment, le fait par goût et non par force. Si je trouve une maison à Naples, dit-il, je veux dépenser en un jour ce que la loi somptuaire accorde pour dix. Nous dînerons ensemble, dit-il ailleurs, et nous respecterons le taux de la loi, s'il y en a encore une, ou nous le dépasserons, peu importe (1) !

Peut-être cependant ne faut-il pas attacher à ces passages de la correspondance de Cicéron une importance trop grande. Qu'il fût de bon ton de paraître ignorer s'il y avait encore des lois somptuaires et de ne pas même s'inquiéter de le savoir, c'est possible. Mais qu'en fait on ne s'en préoccupât pas, et qu'on les enfreîgnit sans crainte ni danger c'est plus douteux. D'autres lettres du même Cicéron vont nous le montrer plus soucieux de respecter les lois somptuaires. Ce sont d'abord deux lettres à Atticus qui se rapportent toutes deux à un monument funèbre qu'il veut élever à son frère; il craint qu'en dépassant le taux fixé par la loi de Sylla, il ne soit obligé de payer amende, égale, nous l'avons vu, à ce que l'on dépensait au delà du maximum déterminé. Aussi se défend-il de vouloir élever un sépulcre, c'est un temple « *fanum* » qu'il fait construire, et il fait remarquer à Atticus combien il tient à cette distinction ; il est vrai que par bon ton il se plaisante lui-même sur cette crainte de l'amende, mais elle n'en est pas moins visible, et cela suffit pour nous montrer que la loi de Sylla était encore appliquée en l'an 46 av. J.-C. (2).

1. Cicéron, *Ad Divers.*, IX, 15 et 26.
2. *Ad Attic.* XII, 35 et 36.

Quant aux lois sur les repas, elles étaient à la même époque loin d'être tombées en désuétude. Nous avons vu le poète Lœvius nous montrer la loi Licinia intervenir au milieu d'un festin et s'écrier douloureusement : « *Lex Licinia introducitur, lux liquida hœdo redditur !* » Le témoignage de Cicéron confirme celui de Lœvius. Il raconte dans une lettre à Gallus un festin donné aux augures par le fameux Lucullus, et auquel il avait pris part, non sans dommage pour son estomac. J'ai été trompé par la loi somptuaire, s'écrie-t-il « *lex sumptuaria mihi fraudi fuit,* » je me serais défendu contre des huîtres ou des murènes, je me suis laissé prendre par la mauve et la betterave ; et il ajoute pour s'excuser ; on accommode si merveilleusement les légumes que rien ne saurait être plus délicieux : « *Herbas ita condiunt ut nihil possit esse suavius* (1). »

En général, donc on peut dire que les lois somptuaires furent observées au moins pendant un certain temps. On les appliquait, puisqu'on cherchait à les tourner. Il en fut de toutes les lois somptuaires ou à peu près comme de la disposition de la loi Fannia qui prohibait les poules engraissées, et que l'on éludait en nourrissant des poulets de pain et de lait pour en rendre la chair plus délicate, on ne les violait pas du moins ouvertement (2).

---

1. Cicéron, *ad Diversos*, VII, 26.

2. Pline X **71**. Il semble parler d'ailleurs d'une époque beaucoup plus rapprochée de lui que celle de la loi Fannia ; car il remarque que cette disposition a passé depuis dans toutes les lois somptuaires « *quod deinde caput per omnes leges ambulavit.* »

Comment alors s'expliquer, en face de prescriptions si minutieuses et si sévères, les excès si souvent racontés de la gourmandise romaine, les prodigalités inouïes d'un Apicius ou d'un Lucullus. Il faut remarquer d'abord que l'application des lois somptuaires, comme de toutes les lois qui touchent de trop près à la vie privée, ne pouvait pas être absolument rigoureuse ; il faut surtout tenir compte de la part énorme qu'avaient dans les dépenses des festins les accessoires ; lits ou tables magnifiques, en bois de citre travaillé et incrusté d'or, musiciens, esclaves pour le service, vaisselle et argenterie précieuses, cadeaux splendides aux convives, tout cela relève du faste bien plus que de la gourmandise. L'histoire du pari d'Antoine et de Cléopâtre montre d'une façon frappante combien les accessoires pouvaient l'emporter sur le fond même du repas. La reine d'Egypte avait accepté le défi d'Antoine, et s'était engagée à dépenser quatre millions de sesterces dans un seul festin. Le jour arrivé on sert un repas assez ordinaire. Antoine se récrie sur la pauvreté du festin. Tout cela n'est que de l'accessoire répond Cléopâtre, « *at illa corollarium id esse confirmans ;* » et jetant dans un verre de vinaigre une des perles incomparables qu'elle portait aux oreilles elle la fait dissoudre et boit d'un trait quatre millions de sesterces ; elle allait détruire également l'autre pendant d'oreilles, quand L. Plancus, arbitre du pari, lui arrêta la main en la déclarant victorieuse (1). Ce fut une sorte de mode à Rome à une certaine époque de faire servir des perles qu'on dissolvait dans le vinaigre,

1. Pline, H. N. IX, 58.

luxe de vanité ou d'ostentation sans doute ; mais le repas de Cléopatre ne peut, pas plus que le fameux plat de langues d'oiseaux chanteurs de Roscius. être mis sur le compte de la gourmandise. Il faut enfin pour juger sainement de cette époque, faire attention que la plupart des exemples classiques ne sont rapportés par les auteurs que comme des traits singuliers et extraordinaires ; à supposer même qu'ils n'aient été exagérés ni par Sénèque ni par Pline, on ne saurait les généraliser et en faire la caractéristique d'une époque.

C'est ce qu'indique très bien M. Friedlænder au livre VIII de son ouvrage intitulé *Mœurs Romaines du règne d'Auguste à la fin des Antonins* (1). « Au reste, dit-il, les sommes prodiguées en festins somptueux, mais surtout les prix élevés que l'on payait pour certaines friandises, ne doivent pas être portées uniquement sur le compte d'une gourmandise effrénée, mais aussi sur celui de la mode du temps, de la vanité fanfaronne, de l'ostentation, de l'envie que l'on avait de faire parler de soi dans les cercles des viveurs raffinés, et cette remarque est applicable à beaucoup d'autres phénomènes du luxe de cette époque. » Et après une longue et minutieuse discussion de tous les témoignages des auteurs, il conclut : « En réalité, d'après ce qui résulte de l'ensemble des témoignages, parvenus jusqu'à nous, le luxe de la table à Rome sous l'empire, quelque exorbitant et contraire aux lois de la nature qu'il parût aux anciens était bien infé-

___

1. Traduction Vogel, Paris, 1865, III, p. 41 et 46.

rieur à celui qu'offrent actuellement en Europe nos grandes capitales. »

Il ne faudrait certainement pas exagérer cette thèse, qui renferme cependant une grande part de vérité pour l'époque au moins où nous sommes arrivés (1). Les excès qui effrayaient les Romains, peuple méridional et naturellement sobre, étaient au point de vue de la seule gourmandise bien au-dessous de ce que l'on s'est souvent imaginé. C'est ce qui explique comment les lois somptuaires purent être portées et appliquées jusqu'à cette époque.

1. « La période du plus grand luxe de table, chez les Romains dit encore M. Friedlænder (*op. citato*, p. 38) ne commence qu'après la bataille d'Actium. » Cpr. Tacite, livre III, 55.

CHAPITRE IV

LE LUXE ET LES EMPEREURS

I. — Les lois somptuaires ne disparaissent pas avec la République ; les empereurs se préoccupent comme l'avaient fait avant eux le Sénat, le peuple ou les censeurs de régler la vie privée des citoyens.

Leurs constitutions sur ces matières sont assez fréquentes et les sanctions sévères qu'elles édictent souvent ne nous permettent guère de douter qu'en fait elles aient été obéies. Mais ces lois sur la vie privée ont perdu le caractère tout spécial qui les a distinguées depuis Caton jusqu'à César ; plus de ces efforts aussi courageux qu'inutiles pour faire revivre les anciennes mœurs et ramener la simplicité des ancêtres. La lutte contre le luxe est à peu près abandonnée et de fait les deux premiers siècles de l'Empire furent l'époque du plus grand luxe et des plus folles prodigalités. Les empereurs renoncent à un combat inutile ; ils cessent à peu près complétement de vouloir réprimer directement le luxe par la loi. Nous en avons un exemple bien curieux et bien caractéristique qui nous est rapporté par Tacite.

Sous le règne de Tibère, dit-il, le sénat s'alarma de l'accroissement excessif des dépenses de table. On dissimulait il est vrai le prix des achats, mais d'un moment à l'autre le prince pouvait tout découvrir ; qu'arriverait-il si avec sa rigueur ordinaire, Tibère, qui était lui-même d'une économie surannée « *antiquæ parcimoniæ,* » s'avisait de châtier le mépris trop ouvertement affiché des lois somptuaires.

Le sénat, tremblant à cette idée, résolut de prendre les devants, et sur la proposition des édiles il remit l'affaire à la décision du prince. Après avoir longuement réfléchi, dit Tacite, Tibère répondit qu'il n'y avait rien à faire. La lettre aux sénateurs que Tacite nous rapporte est curieuse à plus d'un égard : remarquons seulement ceci c'est qu'à la proposition des édiles l'empereur ne fait qu'une seule réponse ; il est trop tard, le luxe est trop grand pour qu'on puisse espérer seulement de l'entraver ; le vouloir essayer ce serait entreprise folle et impossible.

« Par où commencer la réforme, dit-il, et que faut-il réduire d'abord à l'antique simplicité ? Sera-ce l'étendue sans limites de nos maisons de campagne ? cette multitude ou ces nations d'esclaves ? ces masses d'or et d'argent ? ces bronzes précieux et ces merveilles du pinceau ? ces vêtements qui nous confondent avec les femmes, et la folie particulière à ce sexe, les pierreries pour lesquelles on transporte chez des peuples étrangers ou ennemis les trésors de l'empire ? Je n'ignore pas que dans les festins et dans les cercles, un cri général s'élève contre ces abus et en demande la répression ; mais faites une loi, prononcez des peines, et les censeurs eux-même s'écrieront que l'état est bouleversé, qu'on prépare la ruine des plus grandes familles, qu'il n'y aura plus personne d'innocent. Si quelqu'un des magistrats promet assez d'habileté et de vigueur pour s'opposer au torrent, je le loue de son zèle, et je confesse qu'il me décharge d'une partie de mes travaux. Mais si en voulant se donner le mérite d'accuser le vice, l'on soulève des haines dont on me laissera tout le poids, croyez, Pères Conscrits, que je suis aussi peu avide d'inimitiés que personne. J'en brave pour la république d'assez cruelles, et trop souvent d'assez peu méritées ; mais celles qui seraient sans objet, et dont ni moi ni vous ne recueillerions aucun fruit, il est juste qu'on me les épargne » (1).

La pensée si nettement exprimée par Tibère est au fond celle de tous les empereurs ; ils renoncent à réprimer directement le luxe et se contentent comme Vespasien de donner l'exemple de la simplicité ; nous parlons des bons empereurs bien entendu (2).

Les lois dites somptuaires que nous allons rencontrer procèdent presque toutes, et sauf quelques vestiges de l'ancienne tradiction catonienne, d'une pensée toute autre que le dessein de réprimer le luxe ; leur but est parfois fiscal, (c'est un point que nous développerons au chapitre suivant), le plus souvent politique.

Presque toutes ces lois visent soit les vêtements pour faire en sorte que chacun se tienne en son rang et s'habille selon sa condition, soit la police des théâtres, des jeux, des cabarets. Les quelques mesures dont le principe semble plus moral, et que nous rencontrerons au début, dureront peu de temps et disparaîtront bien vite. C'est

1. Tacite *Ann.* III, 52, et suiv. Cpr. Dion LVII, 13.
2. Cpr. Tacite Ann. ; III, 55. Roscher, *Principes d'économie politique.* Traduction Wolowski t. II. p. 238

ce qui fait le peu d'intérêt qu'offrent à notre point de vue toutes ces mesures ; et c'est aussi pourquoi nous nous contenterons de les examiner assez sommairement.

II — Auguste est encore trop près de la République pour se désintéresser aussi complétement du déclin des mœurs et de l'extension du luxe. Seulement ce n'est pas aux lois somptaires qu'il demande la régénération du monde romain. On connaît et le curieux ensemble des dispositions connues sous le nom de lois caducaires et leur complète impuissance. Tout attaché à cette œuvre de la réorganisation de la famille et du relèvement du mariage dont l'abus des divorces avait fait une spéculation plus ou moins profitable, mais jamais bien longue, il s'occupa peu du luxe et se contenta probablement de donner lui même l'exemple de la simplicité. (1)

Cependant il s'efforca, si l'on en croit Aulu Gelle de faire appliquer la loi somptuaire de César sur les repas pour cela il éleva le chiffre de la dépense permise le faisant varier entre 300 et 2000 sesterses — Il est vrai que l'auteur des Nuits Attiques attribue cette mesure à Auguste ou à Tibère, il ne se rappelle plus exactement lequel, dit–il (2).

Nous ne faisons que mentionner la loi sur les exilés, qui limitait le chiffre de leur dépense au lieu de leur exil et le nombre d'esclaves qu'il leur serait permis d'emmener avec eux ; ils pouvaient dépenser 185,000 drachmes et avoir 20 esclaves (3) ; c'est déjà une loi politique, car il

1. Suétone *Auguste* ch. 70 et 71.
2. II 24.
3. Dion, LVI, 27, cpr., LIX, 8.

Dubost
6

importait à l'état que les gens que la loi avait frappés n'affichassent pas un trop grand luxe ; Tibère voulut qu'ils menassent un train de vie conforme à la situation de bannis.

« Il essaya aussi ou fit semblant d'essayer d'empêcher qu'on fît usage de vêtements de pourpre, » dit Dion Cassius (1). C'est là du reste une disposition qui reviendra souvent dans les constitutions impériales ; les empereurs tendent de plus en plus à se réserver l'usage exclusif de la pourpre. A propos du règlement des costumes, Suétone nous raconte qu'il s'efforça d'empêcher l'abandon de la toge romaine, que la mode délaissait de plus en plus. Voyant un jour au forum une foule de manteaux étrangers ; voilà donc, s'écria-t-il plein d'indignation, ces Romains maîtres du monde, cette nation de la toge :
« *En*

Romanos rerum dominos, gentemque togatam! » et il ordonna aux édiles de ne souffrir que des toges au forum et au cirque (2). Il est aisé de voir qu'il y a là autre chose qu'une mesure somptuaire, la politique se mêle au *regimen morum* et l'empereur empiète sur le censeur.

Les mêmes considérations s'appliquent à la loi Fusia Caninia qui limite le nombre des affranchissements testamentaires ; elle veut surtout prévenir l'invasion de la cité par les affranchis. Aussi ne faisons-nous que la mentionner.

Terminons sur Auguste en notant les mesures qu'il édicta pour la police des jeux et des théâtres (3). Il fixa

1. Dion, LVI, 27. Traduction Boissée.
2. Suétone *Auguste*, ch. 40.
3. *Ibid.*, ch. 44 et 45.

les places de chacun ; les femmes eurent des bancs séparés, les militaires de même. Le spectacle des combats d'athlète fut interdit aux femmes. Auguste régla aussi le pouvoir des magistrats sur les histrions « *coercitionem in histriones* » et le limita à la scène.

Mais ce fut pour s'en réserver le contrôle : il surveilla en effet de très près mimes et histrions et nous voyons même par un passage de Dion qu'il avait déterminé le prix qu'ils pourraient exiger. Dion raconte qu'un histrion ayant refusé de paraître sur le théâtre pour le prix fixé, son refus souleva une sédition et que les édiles furent obligés de demander au Sénat l'autorisation de dépasser le maximum de la loi (1).

Voilà à peu près toutes les mesures d'Auguste qui touchent à la vie privée et au luxe : bien peu sont véritablement somptuaires. Remarquons enfin que la simplicité de sa vie privée n'eut d'égal que le luxe avec lequel il embellit Rome : on connaît son mot « *Marmoream relinquo quam lateritiam accipi,* » je l'ai trouvée de terre, je la laisse de marbre (2).

On retrouve dans Tibère à peu près les mêmes préoccupations. Et tout d'abord un assez grand souci de relever les mœurs. C'est ainsi qu'il rétablit le jugement des adultères par les assemblées de parents ; il exila aussi des libertins des deux premiers ordres, qui s'étaient fait volontairement noter d'infamie pour pouvoir paraître sur un théâtre en dépit de la défense du Sénat, et des femmes

1. Dion, LVI, 47.
2. Suétone, *Auguste*, ch. 44.

de mauvaise renommée qui, pour éviter les peines des lois, s'étaient fait inscrire parmi les courtisanes. Il ôta la questure à un sénateur qui avait répudié sa femme le lendemain même de ses noces ; enfin il dégrada un autre sénateur trop habile à trouver des expédients pour se loger à bon marché (1).

Pour ce qui regarde le luxe et l'accroissement des dépenses nous avons vu par le récit de Tacite qu'il était loin de s'y montrer indifférent. Il désespérait seulement de pouvoir lui opposer des barrières qu'il ne renversât pas. Suétone rapporte cependant qu'effrayé de voir donner un jour 30.000 sesterces pour trois surmulets il fixa un tarif pour les provisions de bouche (2). Il est probable que cet édit sur les marchés fut antérieur à la lettre au Sénat que nous avons rapportée. Tacite nous peint en effet les sénateurs effrayés, parce que les édiles leur représentent que tous les jours on viole la loi somptuaire. « *Sperni sumptuariam legem.* » C'est sans doute à cet édit sur les marchés dont les édiles avaient la surveillance que l'auteur des *Annales* fait allusion.

Tibère essaya de limiter l'usage de la vaisselle d'or aux cérémonies des sacrifices. A cette occasion Octavius Fronton voulut faire adopter par le Sénat une loi somptuaire générale et faire limiter ce que chacun pourrait posséder d'argenterie, de meubles, d'esclaves ; il fut combattu par Asinius Gallus que soutenait, dit Tacite, la complicité des vices de ses auditeurs « *similitudo audien-*

1. Suétone, *Tibère*, ch. 35.
2. *Ibid.*, ch. 34.

tium » Le prince d'ailleurs s'y opposa ajoutant que « ce n'é-
tait pas le temps de réformer les mœurs et qu'au premier
signe de décadence, elles ne manqueraient pas d'une voix
qui vînt à leur secours. » L'édit fut borné à la vaisselle
d'or et aux vêtements de soie, luxe nouveau et considéré
comme honteux pour des hommes ; la soie leur fut donc
interdite. « *ne vestis serica viros fœdaret* » dit Tacite (1).

Enfin comme mesure de police il faut noter encore de
Tibère un édit réglant la profession d'histrion (2), et la défense faite aux cabaretiers de vendre des aliments, fût-
ce même de la pâtisserie. (3)

Mais en général Tibère renonça aux lois somptuaires.
Nous l'avons vu par sa lettre au sénat. Un trait que raconte Dion nous le montre encore. A une représentation
du cirque il s'aperçut que malgré des défenses précédentes beaucoup d'hommes portaient des vêtements de
pourpre. Il ne dit rien : mais un jour que la pluie était
venue à tomber il se couvrit ostensiblement d'un manteau de couleur sombre. L'exemple du prince suffit,
ajoute Dion, et depuis lors personne n'osa prendre un vêtement autre que celui de son rang. Cette phrase de
Dion montre bien que la prohibition de la pourpre était
plus politique que somptuaire et visait plus les rangs à
maintenir que le luxe à réprimer (4).

1. *Annales*, II, 33, Cpr. Dion, LVII-15, et Friedelænder *op. citat*,
III, p. 131.

2. Dion. LVII. 14.

3. Tacite, *Ann*, III 52.

4. οὐδεὶς ἀλλοῖόν ἔσθημα λαβεῖν ἐτόλμησε, dit Dion LVII. 13. Tibère
donnait aussi l'exemple de la simplicité dans ses repas Suétone,
Tibère, ch. 34

Chez l'empereur Claude même préoccupation de conserver les mœurs. Grand amateur et grand imitateur de l'antiquité, Claude se souvint des anciens censeurs et de leur sévérité qu'il s'efforça d'imiter, assez maladroitement d'ailleurs ; sa censure est célèbre par la rigueur de ses mesures plutôt que par la justesse de ses décisions (1). Le Sénatus-Consulte Claudien témoigne également des bonnes intentions de l'époux de Messaline pour restaurer les bonnes mœurs.

Claude renouvela aussi l'édit de Tibère sur les cabarets où il défendit de vendre de la viande cuite ou de l'eau chaude, châtiant sévèrement les contrevenants (2) : ces prohibitions furent encore réitérées par Néron qui ne voulut que l'on vendit dans les cabarets rien de cuit sauf des légumes (3). A cette insistance des empereurs, il est aisé de comprendre qu'il y a là bien autre chose qu'une mesure somptuaire. Il s'agit de la police et de la sureté de la ville : les cabarets étaient le rendez-vous de la populace, le foyer des émeutes ; on veut sans doute en diminuer l'importance et le nombre.

En rapportant cet édit de Néron, Suétone ajoute que le prince limita les dépenses « *adhibitus sumptibus modus.* » On a conjecturé de ces mots qu'il fit une véritable loi somptuaire (4). C'est très douteux d'autant plus que Suétone dit ensuite qu'il réduisit à de petites corbeilles,

1. Cpr. Zeller. *Les empereurs romains* p. 51. Tacite Ann. XI. 25.
2. Dion LV 6.
3. Suétone *Néron* ch 16.
4. Boxmann *De legibus romanorum sumptuariis*, p. 65.

semblables à celles que les patrons donnaient à leurs clients, les distributions à faire au peuple *« publicæ cœnæ ad sportulas redactæ.* » Il est donc probable que ce sont les dépenses publiques que Néron s'inquiéta de modérer bien plutôt que les dépenses privées. Il était toujours à court d'argent. Le même Suétone raconte qu'il avait défendu l'usage des vêtements de pourpre ou de couleur violette. Non content d'envoyer porter au marché quelques morceaux des étoffes prohibées pour pousser par l'exemple les marchands à en mettre eux aussi en vente, et à encourir l'amende de l'édit, il aperçut un jour au théâtre où il chantait, une dame de qualité vêtue de pourpre. Bien vite il envoie ses agents et fait confisquer non seulement les vêtements prohibés mais tous les biens de la délinquante (1).

Cette anecdote est curieuse, parce qu'elle indique bien la tendance de tous ces édits impériaux. Il s'agit moins des mœurs que du fisc. On veut non réprimer le luxe mais enrichir le trésor.

III. — « Après la lecture de la lettre de Tibère au Sénat dit Tacite, on dispensa les édiles du soin qu'ils prenaient et le luxe de la table qui, depuis la bataille d'Actium jusqu'à la révolution qui donna l'empire à Galba s'était signalé par d'énormes profusions est tombé peu à peu (2). » L'auteur des *Annales* recherche les causes de ce changement, il en énumère plusieurs et il ajoute : « Mais le principal auteur de la réforme fut Vespasien qui, à sa ta-

1. Suétone, Néron, ch., 32.
2. Tacite, *Ann.* III, 65. Traduction Burnouf.

ble et dans ses vêtements, donnait l'exemple de la simplicité antique. Le désir de plaire au prince et l'empressement à l'imiter furent plus efficaces que la crainte des lois et des châtiments. (1) »

L'exemple est en effet le grand moyen qu'emploient désormais les princes pour réprimer le luxe, moyen plus puissant peut-être que tous les autres sur les courtisans de la Rome impériale ; il lui manqua seulement d'être donné d'une façon plus persévérante. Quoi qu'il en soit et jusqu'à l'époque où l'empire devenant décidément oriental, le faste est un moyen de gouvernement, tous les bons empereurs se firent un devoir de prêcher d'exemple en pratiquant la simplicité dans leurs repas dans leurs vêtements, dans leur mobilier.

Nerva en arrivant à l'empire fit vendre « quantité de vêtements, de vases d'argent et d'or, ainsi que d'autres meubles tant des siens propres que ceux de l'Etat, quantité de terres ou de maisons, ou plutôt il vendit tout excepté les objets nécessaires, et son train de vie fut modeste. » (2) Pertinax agit de même en prenant la succession de Commode ; il vendit tout le mobilier impérial et réduisit les dépenses de moitié.(3). Et chez tous les bons empereurs, on retrouve la même simplicité quelquefois même poussée à l'extrême (4).

1. *Ibid.*
2. Dion, LXVIII, 2 Traduction Boissée.
3. Capitolin *Pertinax*, ch. 8.
4. Spartien, Didius Julianus, ch. 3.
    »   Septime Sévère — 19.

Contents d'ailleurs de cet exemple, ils renoncèrent, en général, aux lois somptuaires. On n'en trouve aucune se rapportant au luxe de la table, car la prohibition de rien vendre autre chose dans les cabarets que des légumes, que les empereurs renouvellent de temps en temps, est une mesure de police, nous l'avons déjà remarqué. On la retrouve encore attribuée à Vespasien par Dion Cassius (1).

Pour les vêtemcnts on trouve quelques mesures des empereurs de cette période. Vopisque rapporte que l'empereur Tacite interdit l'usage des vêtements à bandes d'or « *auroclavatis vestibus interdixit*; » il ajoute que c'est sur les conseils du même Tacite qu'Aurélien avait proscrit l'or dans les vêtements, dans la décoration des chambres et des fourrures « *aurum a vestibus, et cameris et pellibus submovit* (2). »

Plus curieuse est l'histoire que Lampride raconte d'Alexandre Sévère (3), et elle montre l'intention générale de toutes ces mesures en apparence somptuaires, au fond de politique ou tout au moins de police. Il paraît qu'Alexandre Sévère conçut le projet d'imposer à chaque

»   Hadrien   — 22.
Capitolin, Antonin le Pieux — 12.
Lampride, Alexandre Sévère — 19.
Vopisque, Aurélien   — 49.
»   Tacite   — 10.
Cpr. Roscher, *loco citato.*
1. LXVI, 10.
2. Vopisque, *Tacite*, ch. 11.
3. Lampride, *Alex. Sévère*, ch., 26.

profession, à chaque classe, à chaque fonction, un costume particulier et distinctif. Ce furent les deux jurisconsultes Paul et Ulpien qui l'en détournèrent en lui représentant que ce serait là la cause de querelles et de rixes incessantes. Sévère renonça à son dessein et se contenta de distinguer les chevaliers par la largeur de leur nœud de pourpre. Ajoutons enfin qu'il défendit l'usage de certains manteaux de mode nouvelle, sauf aux vieillards pendant l'hiver et aux femmes en voyage; c'est encore Lampride qui nous l'apprend dans le même passage.

Adrien s'était aussi occupé des vêtements et il avait essayé de ramener l'antique usage de la toge que les manteaux grecs ou orientaux supplantaient de plus en plus. Il exigea, dit Spartien (1) que les sénateurs et les chevaliers portassent la toge en public; lui-même la portait toujours en Italie et la gardait même à table.

Notons encore sur ce sujet et à titre de curiosité, les décisions sur les vêtements, les modes, les préséances rendues par le Sénat de femmes qu'Héliogabale avait réuni pour délibérer sur ces matières (2).

Tout cela est bien loin des rigoureuses mesures du vieux Caton et ne vise guère à corriger les mœurs. Quelques princes cependant se souvinrent qu'ils étaient censeurs en même temps qu'empereurs, et firent quelques tentatives de ce côté. Il faut noter surtout le sénatus-consulte Ma-

1. Spartien, *Hadr.*, ch., 21.
2. Spartien *Heliogabale*, ch. 4.

cédonien qui essaya d'empêcher les emprunts faits par les fils de famille. La véritable portée morale de cette mesure nous est indiquée par l'édit de Claude qui la précéda et la prépara. Claude défendit aux usuriers de prêter aux fils de famille en stipulant pour échéance du remboursement la mort du père de l'emprunteur. On craignit que les fils n'échappassent trop facilement à l'autorité paternelle (1).

Mais celui des empereurs qui se montra le plus sévère pour les mœurs fut, chose bizarre, Domitien. Pendant sa censure il chassa du Sénat Cœcilius Rufus qui s'était montré dansant sur le théâtre. Il interdit aux femmes de mauvaise vie l'usage des litières et fit punir impitoyablement les vestales coupables d'avoir manqué à leurs vœux (2).

Enfin le théâtre fut l'objet de la sollicituele des empereurs, tantôt pour y régler les places et les siéges (3), tantôt pour limiter les sommes qu'on donnait aux gladiateurs (4). Disons de suite sur ce dernier point que les empereurs s'efforcèrent souvent et toujours en vain de réduire les dépenses inouïes des spectacles qui ruinaient les particuliers les plus opulents et épuisaient le trésor impérial obligé de lutter de prodigalité avec eux.

IV. — Nous avons trouvé peu de lois somptuaires dans la période précédente ; à partir de Dioclétien nous n'al-

1. Suétone *Vespasien* ch. 11. Tacite. Ann. XI, 14.
2. Dion. LXVII, 13, Suétone, *Domitien* ch. 8.
3. Suétone *Ibid.*
4. Capitolin *Antonin le Pieux* ch, 12.
    Marc Ant. le Philo, ch. 11 et 27.

lons plus en rencontrer, du tout. Il suffit de parcourir les diverses constitutions impériales de cette époque, qui touchent au luxe, pour se convaincre que la pensée de conserver les mœurs ou de réprimer le luxe ne les a nullement inspirées.

Le Bas-Empire connut des lois très sévères sur les vêtements. L'usage de la pourpre et de la soie fut rigoureusement interdit aux particuliers. Un titre du code de Justinien s'en occupe; il est intitulé *« De vestibus hôlobernis et auratis et de intinctione sacræ muricis »* C'est le titre 8 du livre XI.

La plus ancienne constitution que l'on y rencontre est de Valens, Valentinien et Gratien (365) (1). Elle défend de fabriquer hors des ateliers impériaux des vêtements tissés d'or ou bordés d'une bande de soie et d'or. La prohibition est renouvelée en 382 par Gratier, Valentinien et Théodose (2), puis par Théodose et sous peine capitale (3). En 424 Théodose II défend la soie et la pourpre, ordonne de confisquer ce que les particuliers détiennent malgré les lois et assimile pour l'avenir la détention de vêtements de pourpre au crime de lèse majesté (4). Enfin quelques années plus tard le même Théodose II édicte pour sanction du délit de vente de la pourpre la peine plus modérée d'une amende de 20 livres d'or.

L'usage des pierres précieuses est également limité, strictement pour les particuliers, et suivant l'emploi

1. C. 1, *De vestibus holob.*
2. C. 2.
3. C. 3.
4. C. 4.

qu'on en veut faire, par une constitution de l'Empereur Léon insérée au code de Justinien (1). Quel est donc le motif de ces prohibitions et y a-t-il là dessein de limiter le luxe et les dépenses des particuliers? Nullement; les empereurs défendent la pourpre pour s'en réserver l'usage et le privilège, « *temperent universi*, dit Théodose II, *ab hujusmodo speciei possessionis quæ soli principi ejusque domi dicatur* (2). »

C'est ce qui explique la gravité des peines, et l'assimilation faite par Théodose II entre la détention de la pourpre et le crime de lèse majesté. C'est ce qui explique en même temps pourquoi les pêcheurs de murex sont dès le commencement du ve siècle organisés en confrérie, munis de privilèges spéciaux, et astreints à continuer leur profession, et qu'il leur est imposé à eux et à leurs descendants à perpétuité de fournir aux besoins de la maison du prince (3).

Toutes ces prohibitions, insérées au code de Justinien, durèrent pendant tous le Bas-Empire et il faut aller jusqu'à la fin du IXe siècle pour voir l'empereur Léon le Philosophe permettre de mettre en vente dans les marchés publics des rognures de pourpre et concéder aux particuliers sans restriction l'usage des pierres précieuses (1).

---

1. C. Unique *Nulli licere*. XI, 11.

2. C. 4. *De vestibus holobernis.*

3. C. 11 et 12. *De murilegulis* — XI 7. Cpr Boxmann *op. cital* vers la fin.

4. Novelles 80 et 81 de l'empereur Léon. Signalons à propos de ce prince la constitution bizarre (nov. 58) par laquelle il défend

Dans le même ordre d'idées, il existe au code Théodosien un titre assez curieux, intitulé : « *De habitu quo uti oportet intra Urbem.* » Il montre à nu la terreur qu'inspirent les barbares aux descendants dégénérés des conquérants du monde. On défend de paraître à Rome ou dans le voisinage avec le costume barbare, les longs cheveux, les peaux de bête (1), les braies ou les sandales (tzangœ). La peine est l'exil perpétuel et la confiscation des biens. Elle ne suffit pas cependant à conjurer le péril. Honorius répète en 399 la défense faite déjà en 397, et qui est reprise par Honorius et Théodose le jeune en 416 (2) Le titre suivant n'est guère moins caractéristique ; il est intitulé : « *Quibus militantibus ad Urbem non licet accedere.* »

C'est encore un but politique qui fait défendre aux sénateurs par Gratien, Valentinien II et Théodose en 382 de venir au Sénat dans un costume militaire (3) ; ou bien peut-être est-ce aussi pour se défendre de l'invasion barbare qui se produit de tous les côtés à la fois : La sanction est pour les sénateurs qui désobéissent la perte de leur dignité. La Constitution détermine encore le costume des appariteurs des magistrats ou des officiers du fisc (*officiales*) ; la peine pour les infractions, est ici plus grave : c'est l'exil et une lourde amende de 20 livres d'or.

sous peine de flagellation, de confiscation des biens et d'exil de faire, de vendre, ou de manger des boudins.

1. Code Théodosien (Edition Godefroy) C. 4 *Quo habitu oportet* XIV 10.

2. Code Théodosien C. 2 et 3. *Quo habitu*

3. Code Théodosien C. 1. *Quo habitu.*

Enfin les empereurs Théodose, Arcadius et Honorius règlent en 393 le costume des comédiens ; ils leur interdisent les tissus d'or, les pierres précieuses et une sorte de manteau, nommé « *crusta* (1). »

Les spectacles et les jeux sont encore à cette époque un grand sujet de réglementation pour les empereurs. Constantin défendit en 325 les combats de gladiateurs (2). La prohibition ne dura pas et à l'époque de Justinien ils sont permis par une constitution insérée au Code et qui remonte à Arcadius et Honorius (3).

Mais ce qui préoccupe le plus vivement le gouvernement impérial ce sont les dépenses des jeux ; il en redoute l'excès devenu presque nécessaire par l'entraînement de l'exemple et les exigences du peuple. Il craint surtout la popularité que se font ceux qui les donnent avec magnificence ; aussi voyons-nous régler soit pour les gouverneurs de province, soit pour les autres magistrats, le maximum de ce que l'on pourra distribuer « largiri » à l'occasion des jeux. C'est l'objet de deux constitutions, l'une de Théodose et Arcadius, l'autre d'Honorius et Théodose II, insérées au Code Théodosien et qui manquent au Code de Justinien (4).

Notons pour terminer cette énumération deux constitu-

1. Code Théodosien. C II. *De scænicis*, XV, 7.

2. Code Théodosien, C 1. *De gladiatoribus*, Cpr. C. 2 et 3 même titre.

3. C. Unique *De majuma*, XI, 45.

4. Code Théodosien, C 1 et 2, *De expensis ludorum*, XV, 9.

tions assez curieuses. La première de Théodose défend de vendre ou d'acheter des flûtes, d'enseigner l'art d'en jouer, d'en faire jouer dans les repas et d'acheter des esclaves joueurs de flûte. Le but de ces prohibitions nous échappe ; à moins que la flûte ne soit un plaisir dont l'empereur veut se réserver le privilège (1). La deuxième constitution est de Julien l'Apostat. Elle défend probablement dans un but religieux les enterrements de jour ; ils devront se faire pendant la nuit (2).

En résumé, à mesure que l'on avance dans l'histoire du droit Romain, et que l'on s'éloigne de cette période de lutte à laquelle Caton a attaché son nom, les mesures somptuaires s'atténuent et disparaissent peu à peu. On les abandonne, non comme trop rigoureuses ou vexatoires, mais comme impuissantes. Et il semble bien qu'à la fin du droit il ne reste plus grand chose de tout cet ensemble de mesures si péniblement élaborées. Voyons cependant avant de conclure si des mesures d'un autre ordre, les impôts somptuaires, ne sont pas venues remplacer pendant un certain temps au moins les lois somptuaires à peu près abandonnées dès le commencement de l'empire. Ce sera l'objet du chapitre V et dernier.

---

1. Code Théodosien, C. 10, *de scænicis*, XV, 7.

2. Code Théodosien C. 5, *de sepulchris violatis* «*Quod quidem*» dit l'empereur parlant de l'ancien usage qu'il abroge, *oculos hominum infaustis incestabat aspectibus. Quis enim dies est bene auspicatus a funere ? aut quomodo ad Deos et templa venietur ?* »

CHAPITRE V.

LES IMPOTS SOMPTUAIRES. — CONCLUSION.

I. — Il nous reste, pour avoir une vue d'ensemble
des mesures par lesquelles les Romains ont essayé de
limiter le luxe, à examiner rapidement le côté fiscal de
la question, à parler des impôts somptuaires.

On connut de bonne heure à Rome ce procédé indirect
qui consiste à unir à un but moral une mesure financière, à frapper certains actes prohibés d'une taxe qui
est une mesure de répression en même temps qu'un impôt. Tite Live rapporte que dès l'origine de Rome, Servius
Tullius imposa aux veuves un impôt spécial destiné à
l'entretien des chevaux de l'ordre équestre ; « *et quibus
equos alerent viduæ attributæ* » dit-il en parlant des chevaliers (1). On sait la défaveur avec laquelle l'Etat vit de
tous temps à Rome les veuves qui ne se remariaient pas :
l'idée de les pousser indirectement à une nouvelle union
ne fut peut-être étrangère à cette mesure de Servius
Tullius (1). Cet impôt, *viduvivium* que les censeurs durent

1. Tite Live I, 43.

2. Il faut cependant remarquer que l'impôt appelé, « *æs
hordearium* » atteint toutes les personnes qui ne comparais-
sent pas devant le censeur et échappent au *tributum ex censu*
dont il se trouve être la compensation. Mais sous Vespasien
le but sera certainement différent. Cpr. J. Marquart, *op, cit.*
p. 129.

rétablir de temps en temps, fut encore renouvelé par Vespasien.

Entre les deux époques se placent les fameuses lois caducaires qui, morales par leur but et visant surtout à la reconstitution des mœurs et de la famille, furent indirectement fiscales. Les « *caduca* », le bénéfice des hérédités ou des legs enlevés aux célibataires étaient attribués d'abord il est vrai aux *patres*, aux pères de famille ; mais à défaut d'héritiers de cette classe, c'était *l'œrarium* le résor qui en recueillait le bénéfice. Plus tard ce fut le trésor particulier du prince, le fisc, et c'est même une question de savoir si Caracalla, qui substitua le fisc à *l'œrarium*, ne le substitua pas aussi aux *patres* ; de sorte que le bénéfice de toutes les dispositions caduques aurait été enrichir le trésor. En tous cas cette mesure n'aurait été que temporaire (1).

La même idée fondamentale se retrouve dans l'histoire de l'établissement de l'impôt du 1/20 sur les affranchissements, en 397–357, telle que nous l'a transmise Tite-Live. Il semble bien que le consul Manlius qui fit voter cette mesure par l'armée réunie dans le camp de Sutrium, ait vu là surtout une mesure politique, destinée à limiter ce droit exorbitant des propriétaires d'esclaves d'en faire tout à coup des citoyens romains. Mais le Sénat, dit Tite Live, approuva le projet parce qu'il fournissait une ressource importante au trésor épuisé. « *Patres quia ea lege haud parvum vectigal inopi œrario additum esset auctores*

1. Accarias, tom. I, p. 944.

fuerunt » (1). Voila bien un exemple saillant d'une mesure politique dans son principe, mais dont les conséquences sont financières (2).

Pour ce qui regarde le luxe, cette conception d'un impôt frappant les objets de luxe, à la fois pour enrichir le trésor et diminuer le luxe, ne fut pas étrangère non plus à la législation romaine. C'est ainsi que la loi Oppia *de Cultu Mulierum* fut nous l'avons vu une espèce d'impôt ou de contribution somptuaire : seulement le caractère financier prédomina, à l'origine au moins ; il s'agit surtout de remplir le trésor vidé par les dépenses de la guerre punique.

Presque toutes les lois somptuaires eurent aussi un côté fiscal (3). La sanction en était probablement des amendes, de sorte que si elles n'atteignaient leur but principal, qui était de réprimer le luxe, elles remplissaient au moins les caisses publiques aux dépens de ceux qui ne voulaient se soumettre à leurs dispositions. Nous en avons deux exemples frappants. Le premier est celui de la loi Cornélia de Sylla sur les funérailles. Nous savons par la lettre de Cicéron que nous avons déjà citée que la sanction était une amende égale à ce qu'on avait dépensé au delà du taux de la loi, « *quo plus insumptum in mo-*

1. Tite-Live, VII, 16.

2. « Une restriction indirecte, au *jus manumissionis*, est portée en l'an 357 avant J. par une *lex Manlia* en ce sens qu'elle grève tout affranchissement d'un impôt de 5 0/0 de la valeur vénale de l'esclave affranchi « *vicesima eorum qui manumittebantur* » dit M. Willems. *Le droit public Romain*, Louvain, 1880 p. 150 Cpr Cagnat *Op. Cita.*

3. Roscher *op. citat* p. 257.

numentum esset quem nescio quid, quod lege conceditur, tan-
tumdem populo dandum esse (1). » Et c'est pourquoi Cicéron, peu soucieux de gratifier le trésor, se défend de
vouloir élever un sépulcre ou un monument; il veut à
toute force que ce soit un temple « *fanum* ».

Nous avons vu également le second exemple : nous
connaissons l'histoire de la loi somptuaire de Néron sur
les vêtements de pourpre ou de couleur violette, la façon
dont il la faisait appliquer à ceux qu'il saisissait en flagrant
délit, et les moyens singuliers qu'il employait pour arriver à trouver des délinquants et des amendes. (2)

Les lois somptuaires faisaient donc peser sur luxe, au
moins sur celui qui refusait de se soumettre à leurs prescriptions un certain tribut; mais le droit romain connut
aussi de véritables impôts somptuaires.

Le plus célèbre et le plus ancien est l'impôt établi par
Caton pendant sa censure, sur les objets de luxe. Nous
avons vu qu'il les chargea d'une imposition dix fois plus
forte que le taux ordinaire du *tributum ex censu*. La mesure atteignait directement le luxe par l'impôt spécial
dont elle le frappait; c'est ce que remarque très bien Plutarque. « Sur mille as, dit-il, Caton en faisait payer trois
d'imposition. » (on se rappelle que les objets de luxe
avaient été estimés au décuple de leur valeur), « afin que
les riches, se sentant grevés par cette taxe, et voyant
que les citoyens simples et modestes, quoiqu'ils eussent
autant de biens qu'eux payaient beaucoup moins au trésor

1. *Ad Attic.* XII, 35.
2. Suétone *Néron*, ch. 32.

public se réformassent eux-mêmes. Il encourut donc la haine de ceux qui se soumettaient à cette taxe pour ne pas renoncer au luxe, et celle de ceux qui renonçaient au luxe pour s'affranchir de l'impôt (1). »

Nous trouvons également un impôt sur les maisons établi pendant la guerre civile, en l'an 711 de Rome. L'assiette en était assez singulière : les sénateurs, il ne pesait que sur eux, étaient imposés à raison du nombre de tuiles des maisons qu'ils possédaient ou prenaient en location à Rome (2). En principe donc, l'impôt dut être proportionné à l'importance des bâtiments et, atteindre, bien que d'une façon assez indirecte, le luxe des bâtiments qui fut si excessif à Rome dès la fin de la République.

L'impôt que Scipion avait fait porter sur les portes et sur les colonnes des maisons privées (3), présente un caractère somptuaire plus marqué. Aussi M. Dureau de la Malle conjecture-t-il qu'il fut englobé dans l'ensemble des mesures somptuaires que César inventa ou renouvela. Nous savons en effet par une lettre de Cœlius à Cicéron qu'il existait à cette époque ; saches, dit Cœlius, que Favonius n'a pas été oublié par les fermiers de l'impôt des colonnes. « *Nolo te putare Favonnium a columnariis prœteritum esse.* (4). »

1. Plutarque. *Vie de Caton*, ch. 26, traduction Ricard.
2. Dion. XLVI, 31.
3. César *Bell. Civ.* III, 32. Cicéron. *Ad Att.* XIII, 6.
4. Cicér. *Ad Div.* VIII 9. Cpr. Dureau de la Malle, *op citat.* II, p. 486.

Peut-être faut-il mentionner aussi l'impôt établi par Caligula sur les courtisanes et leurs entremetteurs (1). C'est la première trace en Droit romain d'un impôt ressemblant à nos patentes modernes. Cette forme d'impôt fut reprise par Alexandre Sévère, qui établit une patente sur les fabricants d'objets de luxe. Ici l'intention somptuaire est évidente : aussi Lampride qui nous rapporte cette mesure, la traite-t-il d'excellente « *pulcherrimum* ». L'impôt portait, paraît-il, sur les tailleurs faiseurs de braies, vêtement étranger et par conséquent de mode et de luxe ; les tisserands de toile de lin dont l'usage commençait à peine à s'introduire, les verriers (on sait le haut prix des produits de l'industrie du verre toute nouvelle à cette époque), les pelletiers, les selliers, les orfèvres en or ou en argent, et les autres artisans de profession semblable (2).

II. — Il nous reste pour terminer cette énumération assez courte à parler de certains impôts indirects qui jouèrent peut-être à un moment le rôle d'impôts somptuaires ; nous voulons parler des droits de douane « *portoria*. »

Nous laisserons d'ailleurs de côté les autres impôts indirects assez nombreux du droit romain. En prélevant un tribut sur les manifestations de la richesse, ils eurent, comme tout impôt, une certaine action sur le luxe. Mais ils ne furent ni par leur but, ni par leur taux, des impôts somptuaires ; nous ne parlerons donc que des *portoria*

1. Suétone. *Caligula*, ch., 40.
2. Lamprid. *Alexandre Sévère*, ch. 24.

et spécialement de ceux qui portaient sur les marchandises de luxe.

On sait que l'impôt que les Romains désignaient sous le nom de *portorium* correspondait en réalité à trois sortes d'impôts indirects. Droits de douanes ; d'abord en prenant cette expression uniquement dans le sens financier ; l'idée de protéger, par des tarifs élevés la production nationale ne paraissant jamais s'être fait jour à Rome ; droits de circulation sur les marchandises en second lieu ; car le *portorium* ne se percevait pas seulement aux frontières de l'empire : il y avait dans l'intérieur et sur toutes les routes principales du commerce, des stations où les fermiers du *portorium* percevaient des droits sur le passage des marchandises ; c'était comme une série de douanes intérieures de province à province, s'ajoutant aux douanes des frontières ; droits de péage enfin.

L'origine en est très ancienne à Rome, puisque Plutarque rapporte à Ancus Martius, qui s'empara du port d'Ostie, l'établissement du premier *portorium* (1) ; il y eut là selon M. Mommsen application du droit de propriété de l'Etat sur les rivages de la mer.

La première mention du *portorium* dans l'histoire date de l'an 510 avant Jésus-Christ. Tite Live nous raconte qu'après l'expulsion des Rois, le sénat, craignant que la plèbe ne traitât avec Porsenna qui assiégeait Rome, lui fit toutes sortes de concessions ; parmi lesquelles il cite

---

1. Cpr : *Sur les portoria* Naquet. *Des impôts indirects chez les Romains*, thèse, 1875. Cagnat. *Etude historiqne sur les impôts indirects chez les Romains*. Paris 1882, Dureau de laMalle. *Economie politique des Romains.*

l'abolition des droits de douane « *portoriis plebs libera-*
ta (1). »C'était à cette époque une sorte d'octroi dont le poids
comme celui de tous les impôts de cette sorte, pesait plus
lourdement sur les plus pauvres.

Les *portoria* furent sans doute bientôt rétablis
et s'étendirent à toute l'Italie (2). Il semble bien
d'ailleurs qu'aucune idée d'impôt somptuaire n'y fut
encore mêlée ; la première fois qu'elle apparaît c'est dans
les projets de réforme de Caïus Gracchus. « *Dividebat*
agros, dit Velleius Paterculus, *vetabat quemdam civem*
plus quingentis jugeribus habere, nova constituebat porto-
ria (2). » Cette proposition du deuxième des Gracches
d'établir de nouvelles douanes, paraît d'abord inexplicable,
quand on réfléchit combien les *portoria* devaient être
odieux au peuple ; il n'y a qu'une explication possible ;
c'est que les droits de douane, mentionnés à côté des
lois agraires, étaient de véritables impôts somptuaires.
Caïus Gracchus voulut ou frapper les objets de luxe
seuls, ou aggraver les droits qui pesaient sur eux comme
sur toutes les marchandises (3).

Quoiqu'il en soit ce fut César qui fit le premier du *por-*
torium un impôt somptuaire. Le *portorium* avait été aboli
en Italie par la loi Cœcilia proposée en l'an 60 av. J.-C.
par le préteur Q. Cœcilius Métellus (4). César le rétablit
mais seulement pour les marchandises étrangères. « *Pere-*

1. Tite Live II 9.
2. Velleins Paterculus, II, 16.
3. Cpr. Naquet *op. citat.*
4. Dion, XXXVII 51. Cicéron, *ad attic.* II, 16.

grinarum mercium portoria instituit. » dit Suétone (1). Ce qui semble bien prouver qu'il s'agit là d'un impôt somptuaire c'est la place que donne Suétone à cette mesure; il l'énumère au milieu des mesures de César sur la table, le vêtement, etc., par lesquelles le dictateur s'efforça de réprimer le luxe et de rétablir les mœurs. Cependant M. Cagnat dans son « *Etude historique sur les impôts indirects chez les romains* » prétend qu'il y eut là surtout une loi financière destinée à procurer de nouvelles ressources au trésor (2). Il est assez difficile de décider; il faut cependant remarquer que ces marchandises étrangères qui sont frappées en Italie de droits de douane et de circulation sont toutes objets de luxe ; ce sont les onguents, les parfums, les aromates que le luxe romain allait demander aux pays orientaux, à l'Inde et à l'Arabie, Pline consacre deux livres de son histoire naturelle à les énumérer ; et, nous allons en retrouver bientôt dans un texte du jurisconsulte Marcien, inséré au Digeste, une seconde énumération très précise et qui les déclare objets soumis à l'impôt (3).Quelle que fut donc la pensée de César en établissant ces *portoria,* ce fut certainement un impôt qui frappa le luxe, puisqu'il ne portait que sur des marchandises de luxe.

Les *portoria* établis par César subsistèrent jusqu'à la fin du droit. Il en fut de même de ceux que la loi Cœci-

1. Suétone *Césard,* ch., 42.

2. P. 9.

3. Pline H. N. XII et XIII : Marcien FF 16, 7. *De publicanis* XXXIX 4. Cpr. Robertson. *Recherches historiques sur l'Inde ancienne,* tome II de ses œuvres, p. 512 à 537.

lia n'avait pas abolis c'est-à-dire des *portoria* des provinces. Néron voulut paraît-il les supprimer ; mais sur les représentations du Sénat, il se contenta d'abolir le quarantième et le cinquantième « *quadragesimœ et quinquagesimœ abolitio* » dit Tacite (1) ; il s'agit là suivant l'explication la plus vraisemblable de droits accessoires que percevaient les publicains, quelque chose comme nos centimes additionnels à l'impôt direct (2).

Les *portoria* demeurèrent donc tant en Italie que dans les provinces ; il se peut cependant qu'ils aient été un moment supprimés par Pertinax (3) ; mais cette mesure, si elle a existé, ne fut que passagère, et très certainement sous Justinien l'impôt du *portorium* subsistait pour tout l'empire. Nous en avons pour preuve les textes du Code ou du Digeste qui s'y rapportent. Citons entre autres, une constitution de Constantin qui dispense les gouverneurs de provinces de payer le *portorium* pour ce qu'ils emportent avec eux et qui est destiné à leur usage personnel (4) ; et un fragment d'un contemporain d'Auguste, Alfenus Varus inséré au titre « *De verborum significatione.* » Le jurisconsulte commente le tarif « *Lex censoria* » des ports de Sicile, qui porte exemption de l'impôt pour les esclaves que l'on emmène chez soi, pour son usage personnel. « *Servos quos domo quis ducet, suo usu, pro*

1. Tacite. Ann. XIII, 50 et 51.
2. C'est l'explication de M. Cagnat (*op. citato*) ; elle concorde très bien avec les autres mesures que Tacite nous rapporte de Néron au même chapitre.
3. Herodien II, 4 et 7.
4. C. 5, *De vectigalibus*, IV, 61.

his portorium ne dato » et il examine d'abord ce qu'il faut entendre par les esclaves qu'on emmène chez soi, puis par les esclaves destinés à l'usage personnel (1).

D'autres textes du Code nous parlent également des *portoria;* aucun doute ne peut donc s'élever sur leur existence à l'époque de Justinien. Mais une difficulté naît de l'expression dont le Code se sert pour les désigner, difficulté qui intéresse notre sujet et que nous allons exposer brièvement.

Toutes les constitutions du Code qui parlent du *portorium*, le nomme l'impôt du 1/8 « *octava* ». Or nous savons, tant par les auteurs que par les inscriptions, que le taux du *portorium* n'était pas, dans les premiers siècles de l'empire, du 1/8, mais bien en général du 1/40 « *quadragesima*. » Il n'était même pas absolument fixe et variait suivant les provinces : en Sicile, au temps de Cicéron, il était du 1/20 ; ailleurs, il était du 1/50 ou du 1/25 (2). On a même trouvé à Zaraï, en Algérie, le tarif de la station du *portorium* local qui, par une exception, unique jusqu'ici, était fixé, non pas *ad valorem*, mais par tête de bétail ou par objet (3). Mais ce n'est probablement qu'un cas particulier ; ce qui était la règle presque

1. FF 203, *De verborum significatione,* L. 16.

2. Cagnat, *Op. cit.*, p. 14. Duruy, *Histoire des Romains*, III, p. 178, note 1. C'est pour cela que nous ne parlons pas de l'opinion émise par M. Humbert dans un mémoire présenté en 1867 à l'Académie de législation de Toulouse. M. Humbert essaye de soutenir que le taux du 1/8 était le taux général du *portorium* dès le début de l'Empire.

3. Cagnat, *Op. cit.*

absolue c'était l'impôt *ad valorem*, dont le taux variait d'ordinaire suivant les provinces du 1/20 au 1/50. Dès lors comment se fait-il que les textes du Code, nous parlant d'un impôt qui est certainement le *portorium*, le désignent sous le nom d'*octava*, impôt du 1/8 ?

M. Naudet a proposé de cette difficulté une explication très vraisemblable. Le quarantième, dit-il, était le taux ordinaire du *portorium*, et frappait la grande majorité des marchandises, l'impôt du 1/8 était un impôt somptuaire qui ne frappait que les marchandises étrangères, à l'exemple du *portorium* établi par César en Italie (1). Pour justifier cette hypothèse M. Naudet fait tout d'abord remarquer que diverses constitutions du Code qui parlent de l'impôt du 1/8 sont assez anciennes. L'une d'elle est de Septime Sévère, et porte la date de 227 ; une autre de Valens, Valentinien et Gratien, une troisième de Gratien, Valentinien et Théodose, une quatrième enfin de Léon (2). Or, il est certain que jusqu'à l'époque de Théodose au moins l'impôt du 1/40 a subsisté. Nous en avons pour preuve, outre une inscription du règne de Gordien III relative aux provinces d'Asie, et citée par M. Cagnat, un passage de Symmaque qui parle du « *quadragesimœ portorium*, » Les deux impôts du 1/8 et du 1/40, ont donc dû coexister.

---

1. Naudet. *Des changements apportés dans toutes les parties de l'administration romaine sous les règnes de Dioclétien, de Constantin et de leurs successeurs*, p. 189 à 192, note 18.

2. Voici ces constitutions. C. 7. *De locato et conduct.*, IV, 65, C. 7 et 8 *de Vectigalibus*, IV, 61, C. 2. *De Eunuchis*, IV, 42.

De plus, celles des constitutions du Code dont on peut déduire quelque indication sur la nature des marchandises soumises à l'impôt du 1/8, se rapportent exclusivement à des objets de luxe ou d'importation étrangère, ce qui est la même chose au point de vue de l'impôt. C'est d'abord la constitution 8 (*De vectigalibus*) qui exempte des droits les marchandises que les ambassadeurs des nations amies emportent de l'empire; mais y soumet ce qu'ils apportent de leur pays; c'est ensuite la loi 2 au titre « *De Eunuchis* » qui nous montre que les eunuques y étaient soumis; et la loi 1 du même titre nous dit qu'il était défendu de faire eunuque un homme vivant sous la loi romaine. C'est enfin surtout le fragment de Marcien (1) qui énumère avec le plus grand soin et le plus grand détail les productions d'importation étrangère, aromates, parfums etc., et met en tête de son énumération « *species pertinentes ad vectigal.* » Comment douter dès lors que ces marchandises d'importation étrangère ne fussent soumises à un taux de *portorum* spécial, qui était précisément le 1/8, et que ce fut pour résoudre les difficultés qui naissaient de cette distinction entre marchandises exotiques et produits indigènes que Marcien ait rédigé son énumération?

C'est l'opinion qu'a adopté M. Duruy dans son Histoire des Romains « les douanes, dit-il en énumérant les ressources financières de l'empire, qui donnaient pour tous les objets du luxe 1/8 de la valeur, pour le reste 1/40 » (2).

1. Marcien, FF 16-7 : *De publicanis et vectigalibus*, **XXXIX**, 4. Cpr sur le fragment et pour son explication les Pandectes de Pothier et Cagnat, *op. citat.* p. 110 et 111.

2. VII, p. 377 et 378.

Mais à l'hypothèse de M. Naudet on a fait plusieurs objections M. J. Marquardt et M. Cagnat n'admettent pas cette coexistence de l'impôt du 1/40 et de l'impôt du 1/8. Ils soutiennent que le 1/8 a été à la fin de l'empire le taux unique pour toutes les marchandises, objets de nécessité comme objets de luxe, et ils expliquent ce taux élevé par les besoins d'argent toujours croissants du Bas-Empire. Le changement aurait eu lieu selon eux de Théodose à Justinien. Quant aux constitutions d'Alexandre Sévère, de Théodose et de Léon, ils les repoussent comme interpolées par les compilateurs de Tribonien, qui à l'ancienne expression « *quadregesima* » auraient substitué le mot « *octava* », pour les mettre en harmonie avec le système financier de Justinien.

Ils s'appuient d'abord sur une constitution des empereurs Valens et Valentinien insérés au même titre du Code « *de vectigalibus* ,» et qui assujettit au paiement au huitième tout homme et de toute classe, qui fait le commerce « *omne hominum genus quod commerciis voluerit interesse* (1)» ; ils s'appuient surtout sur ce qu'aucun texte ni du Digeste ni du Code Théodosien ne mentionne l'*octava*. Comment, disent-ils, ne trouverait-on trace nulle part d'un impôt si ancien (2) ? Il reste seulement alors à expliquer le fragment de Marcien, M. Cagnat répond que cette énumération ne visait que le *portorium* d'Italie où, depuis César, les produits exotiques seuls étaient imposés mais il ne dit pas pourquoi les rédacteurs du Digeste ont

---

1. C. 7. *De vectigalibus*, IV, 61.
2. Cagnat, *op. citat.*, p. 41.

maintenu le fragment de Marcien, surtout avec le titre si général qui le précède « *species ad vectigal pertinentes* » liste des objets soumis à l'impôt.

La question est donc très délicate à résoudre ; mais, quelque solution que l'on adopte, un fait reste certain. C'est la permanence jusqu'à la fin de l'empire romain, soit pour tout l'empire, soit pour l'Italie seulement, de l'impôt somptuaire établi parCésar sur les marchandises étrangères.

III. — Ainsi donc, en résumé, de tant de mesures diverses, par lesquelles la législation romaine s'est efforcée de réprimer le luxe et de maintenir les mœurs, il ne reste plus rien à l'époque de Justinien ; toutes les barrières qu'avait élevées la vieille austérité romaine sont tombées l'une après l'autre. La tutelle sévère de la famille et le contrôle rigoureux par la société toute entière des actes et de la vie privée des citoyens, première digue opposée au luxe et aux dépenses, ont disparu depuis longtemps. La puissance paternelle la « *patria potestas,* » déjà bien ébranlée par l'institution des pécules et des biens adventices, n'existera plus bientôt que de nom, et la novelle 118 en faisant de la parenté par le sang la seule base de la vocation successorale achèvera de ruiner la famille romaine primitive. Quant à la tutelle perpétuelle des femmes, il y a longtemps qu'elle est tombée en désuétude ; le législateur lui-même la traite de préjugé ridicule et suranné.

Les lois somptuaires... il n'y en a plus. Les empereurs y ont renoncé définitivement depuis Aurélien et Tacite : une expérience de quatre siècles en avait trop bien montré l'inutilité. Les impôts somptuaires, celui du *portorium* tout au moins, subsistent, il est vrai ; mais noyés dans l'écrasante fiscalité du bas-empire, ils ont perdu depuis longtemps leur but moral ; ce ne sont plus que de simples impôts de consommations.

Enfin la dernière barrière que le vieil esprit romain a tenté d'opposer au luxe, l'autorité de l'exemple du prince, la simplicité du train de vie impériale, est tombée à jamais depuis le jour où l'empire s'étant fait décidément oriental, le luxe est devenu un des principes du gouvernement. Le prince est le plus fastueux des habitants de son empire et lorsqu'il défend certaines parures ou certains vêtements, c'est, nous l'avons vu, qu'il veut s'en réserver le privilège.

Rien ne reste donc debout de tout ce système compliqué, échafaudé avec tant de peine depuis Caton l'Ancien. Organisation politique, édits des censeurs, des édiles ou des princes, impôts ou lois somptuaires tout a disparu condamné par son impuissance. L'impuissance des lois à corriger les mœurs et à réprimer le luxe, voilà la conclusion de notre étude.

ECONOMIE POLITIQUE

DE

L'INFUENCE DU LUXE SUR LA RÉPARTITION

DES RICHESSES

CHAPITRE PREMIER

DÉFINITIONS ET MÉTHODE.

« Un sujet tout neuf... Le luxe » ! dit un personnage grotesque de Sardou (1).

Quoi de plus banal en effet que de venir aujourd'hui parler du luxe, et comment prétendre, dans un sujet tant de fois traité depuis Caton l'ancien, et Sénèque, apporter quelque idée nouvelle ? Mais si le nouveau est impossible, tout ayant été dit sur le luxe, ses adversaires et ses défenseurs ayant épuisé depuis longtemps satires et panégyriques, n'y a-t-il pas place encore pour

1. *Nos bons villageois*, acte II, scène 4.

Dubos 8

une étude intéressante ? On peut, en effet, de toutes ces discussions, se demander ce qui reste, et essayer de dresser l'inventaire de tout ce qu'on a écrit ou déclamé sur cette question si banale du luxe ; on peut réunir et classer toutes ces affirmations en apparence si diverses, et qu'on répète depuis si longtemps, et les rapprocher en essayant de les compléter et de les éclaircir les unes par les autres ; on peut en un mot résumer ce que écrivains, philosophes ou économistes ont dit du luxe, et essayer enfin de conclure.

C'est la tâche que nous tentons d'entreprendre; non pas que nous ayons l'ambition de faire la théorie complète du luxe , notre dessein est plus modeste. Nous voulons seulement éclaircir s'il nous est possible un point spécial de cette théorie en recherchant l'influence du luxe sur la répartition des richesses. Si nous ne faisons œuvre originale, nous pourrons peut-être faire œuvre utile.

I. — Et tout d'abord qu'est-ce que le luxe ?

On l'a défini de bien des façons différentes, et le désaccord des conclusions, n'a été bien souvent que la conséquence du désaccord des définitions, il importe donc avant tout de se fixer là-dessus.

Beaucoup d'économistes, préoccupés peut-être à l'excès du côté moral de la question, et soucieux avant tout de flétrir et de condamner le luxe, ne l'ont caractérisé que par ses excès. Leur définition est une déclaration de guerre. C'est ainsi que M. de Kératry nomme luxe « ce qui crée des besoins mensongers, exagère les besoins vrais, les détourne de leur but, établit une concurrence de prodigalité entre les citoyens, offre aux sens des satisfactions

d'amour propre qui enflent le cœur, mais ne le nourris-
sent pas, et présente aux autres le tableau d'un bonheur
auquel ils ne pourront atteindre. » M. E. de Laveleye,
qui rapporte cette définition en l'approuvant, ajoute « La
définition du luxe que je crois la meilleure contient en
elle la condamnation du luxe (1) ». « On doit appeler
dépenses de luxe, les dépenses immorales, dit M. Joseph
Droz ; si un ouvrier heureux dans ses travaux se permet
en famille une petite fête de campagne, je l'approuve,
mais s'il va boire son argent au cabaret, il fait une dépense de luxe. Qu'un homme riche donne à sa femme un
châle de trois mille francs, cette dépense proportionnée à
sa fortune n'a rien de déraisonnable ; s'il achète le châle
pour sa maîtresse, c'est une dépense de luxe (2). »

Nous écartons tout d'abord ces définitions, trop exclusivement morales pour servir de fondement à une étude
économique. Ne craint-on pas en caractérisant ainsi le
luxe par ses abus, de laisser une bonne partie du luxe
véritable en dehors de la définition, et de l'étude dont
elle doit être la base? N'existe-t-il pas un certain luxe
dont l'immoralité est moins frappante, qui ne présente
pas les caractères d'abus manifeste relevés par M. de
Kératry et par Droz, et dont les conséquences économiques mériteraient cependant d'être étudiées?

1. E. de Laveleye. *Le luxe.* Bibliothèque Gillon. Verviers, 1887,
cet ouvrage est la reproduction d'un article paru dans la *Revue
des deux Mondes* (livraison du 1er mai 1880) sous ce titre « *Les
Apologistes du luxe et ses détracteurs, à propos d'un livre récent,*
«Le livre récent c'était l'histoire du luxe de M. H. Baudrillart.

2. *Economie politique,* livre IV, chap. I. p. 283.

Le mot luxe a dans notre langue un sens plus compréhensif et plus large ; l'immoralité des dépenses n'en est pas un caractère nécessaire. A côté du luxe immoral ou pernicieux, il y a un luxe honnête et en apparence au moins inoffensif ; cette distinction du luxe moral et immoral, pernicieux et inoffensif s'impose tellement, qu'une école moderne en a fait le fondement de toute sa théorie des effets du luxe, nous le verrons bientôt.

Nous adresserons le même reproche à la définition de M. Ch Périn, « Le seul caractère général qu'en puisse reconnaître au luxe, dit-il, c'est qu'il consiste en des dépenses qui ne sont point en proportion avec les ressources de celui qui les fait. (1) » Est-ce bien là un caractère nécessaire du luxe, et le luxe consiste-t-il vraiment à dépenser au-delà de ses ressources ? Il semble bien que non. Un bijou reste objet de luxe, qu'il soit acheté par un prodigue qui mange son capital, ou par un riche qui ne dépense que son revenu. Le caractère est dans l'objet que l'on achète, et non dans le mobile qui fait qu'on l'achète.

M. Baudrillart relève très bien cette erreur. « On a reproché avec raison, dit-il, à certains économistes de trop confondre le luxe avec la prodigalité. Ils ont eu raison assurément de voir dans toute prodigalité un luxe abusif, mais tout luxe n'est pas nécessairement prodigue ; un objet peut n'être ni coûteux ni rare, et être un luxe, s'il participe de la nature du superflu, tel un miroir, un vase, un éventail, etc. même à bon marché. Toutes ces nuan-

1. *De la richesse dans les Sociétés chrétiennes*, 3ᵉ édition Paris 1882, Tome III, page 116

ces veulent être observées; nous définissons néanmoins le luxe plutôt par le superflu que par la rareté qui y ajoute (1). »

Mais si M. Baudrillart a raison de distinguer le luxe de la prodigalité, la définition qu'il propose à son tour est-elle à l'abri de toute critique ? Peut-on caractériser le luxe par le superflu ; tout superflu est-il luxe ? N'est-ce pas choquer l'usage de la langue que d'appliquer ce mot à des objets de prix modique et de valeur minime ? Si l'on parle parfois du luxe des pauvres ce n'est guère que par métaphore. Il semble bien que le luxe éveille d'autres idées que le superflu ; c'est un superflu sans doute, mais d'une certaine nature et présentant certains caractères. « Luxe : magnificence dans le vêtement, dans la table, dans l'ameublement ; abondance de choses somptueuses, » dit le dictionnaire de Littré (2) et il ajoute « synonymes : luxe et somptuosité. Ces deux termes sont très voisins, car on dirait également la somptuosité des habits, de la table, et le luxe des habits, de la table : la nuance est en ce que la somptuosité exprime la qualité contenue des choses, et luxe le goût pour les choses somptueuses. » Ainsi à cette notion du superflu viennent s'ajouter d'autres idées, la magnificence, un je ne sais quoi de recherché et de raffiné, qui distingue le luxe de la simple dépense, et en même temps un certain cachet de beauté, d'élégance ou de richesse, qui communique aux objets de luxe un caractère particulier de grande valeur et de rareté.

1. H. Baudrillart, *Histoire du Luxe*, tome I, livre I, chap. 4.
2. V° *Luxe*.

C'est ce que fait très bien remarquer J. B. Say. « On peut dire en général que le luxe est l'usage des choses chères. Le mot luxe en français réveille en même temps plutôt l'idée de l'ostentation que celle de la sensualité ; le luxe des habits ne veut pas dire que les habits sont plus commodes pour ceux qui les portent, mais qu'ils sont faits pour frapper les yeux de ceux qui les regardent. Le luxe de la table rappelle plutôt la somptuosité d'un grand repas que les mets délicats d'un épicurien. (1) » « Le luxe, disait récemment M. P. Leroy Beaulieu à l'Académie des Sciences morales et politiques (2), consiste dans cette partie du superflu qui dépasse ce que la généralité des habitants d'un pays considère comme essentiel, non seulement aux besoins de l'existence, mais aussi à l'agrément et à la décence de la vie. »

C'est donc en définitive la définition de J. B. Say, le luxe est l'usage des choses chères, qui semble résumer le mieux les diverses idées qu'éveille le mot luxe : c'est l'usage des choses chères c'est-à-dire de choses qui ne sont accessibles qu'à une portion restreinte des membres de la Société. De là il suit que, le haut prix de ces choses et la rareté, qui en est la conséquence, en faisant le privilège d'une classe, la foule y atttache naturellement une certaine idée de grandeur et de magnificence. Le luxe sera ce qui dépasse la moyenne de la vie aisée ; ce sera quelque chose qui se surajoutera à la satisfaction des besoins, ou à la simple jouissance, pour leur communi-

1. *Traité d'économie politique,* liv. III, chap. 5.
2. Séance du 6 août. 1887.

quer un certain caractère de recherche et de raffinement.

II. — Le luxe est essentiellement un raffinement. Il
prend certains produits de l'industrie humaine, et il leur
ajoute un supplément de richesse ou de travail, les marque d'un je ne sais quoi de fini, d'achevé, qui les distingue de la foule des objets similaires.

L'origine première du luxe, c'est le sentiment du beau ;
c'est cette recherche de l'harmonie des formes ou de la
convenance des couleurs, qui semble innée à l'esprit humain. On la voit se manifester, presque avec l'expansion
brutale d'un instinct, chez les plus déshéritées des races
sauvages. Au milieu des périls d'une vie mal assurée, et
des besoins pressants de la lutte quotidienne pour l'existence, l'instinct de l'ornementation impose des besoins
non moins pressants et non moins obéis ; car le luxe va
souvent sans le nécessaire. Les sauvages prennent souci
d'avoir des armes peintes ou ouvragées ; ils aiment à se
parer de coquilles ou de verroteries. N'y a-t-il pas là
une des premières manifestations du luxe ; comme dans
ces haches de silex, sur lesquelles nos ancêtres des temps
préhistoriques traçaient ces grossières représentations
des animaux familiers à leur vue ?

C'est le sentiment du beau qui fait le luxe. Au fond de
tout luxe véritable, si dépravé, si dégradé qu'il soit, ce
sentiment se retrouve, et, à y regarder de près, il se
manifeste jusque dans ces excès des modes les plus bi-
zarres, et d'où toute notion d'esthétique semble disparue.
C'est que lorsque le type de la beauté véritable est

oublié, l'inquiétude s'empare des esprits ; on change toujours parce que l'on n'est jamais satisfait. La mode ne règne véritablement que là ou l'idée du beau s'est perdue ; et peut-être est-ce pour cette raison qu'elle gouverne si capricieusement nos costumes modernes.

Mais si l'amour du beau est à l'origine du luxe, il n'est pas tout le luxe, bien s'en faut, et d'autres passions viennent se mélanger à ce sentiment primitif. L'amour du beau en effet est essentiellement désintéressé. Les jouissances de l'art sont absolument pures de tout désir et de toute cupidité ; la cupidité attire les choses à elle, le beau attire tout à soi. Il ne se désire pas, il s'admire.

Le luxe au contraire est profondément égoïste et cupide ; pour jouir, il veut posséder. C'est qu'à l'amour du beau s'est mélangé un des sentiments les plus puissants de la nature humaine, l'amour de son être propre, source de tout désir et de toute cupidité. De l'amour de soi naît le désir des choses extérieures, qu'on veut s'approprier et s'unir, pour augmenter la puissance ou le bonheur de son propre être. « Cet homme croit s'agrandir, dit Bossuet, avec son équipage qu'il augmente, avec ses appartements qu'il rehausse, avec son domaine qu'il étend ; cette femme ambitieuse et vaine croit valoir beaucoup, quand elle s'est chargée d'or et de pierreries, et de mille autres vains ornements. Pour la parer toute la nature s'épuise, tous les arts suent, toute l'industrie se consume (1). »

1. Sermon pour la profession de Mme de la Vallière.

L'amour du beau a perdu son désintéressement primitif : on n'admire plus les belles choses, on les désire et
on veut les posséder pour s'agrandir. Le luxe est né. Des
quatre coins du monde, il ramasse tout ce qui attire ses
regards et ses désirs ; aux raffinements les plus délicats,
il unit les recherches plus exquises. La délicatesse du travail
renchérit sur le précieux de la matière, la rareté ajoute au
beau et le curieux à la richesse ; si bien qu'à force de posséder des choses extraordinaires et que la foule désire en
vain, on se croit supérieur à la foule. On s'attribue les mérites de son mobilier, de sa galerie ou de sa collection, et
parce qu'on a ce que le vulgaire ne peut avoir, on s'estime d'une race différente et d'une nature supérieure.

A ce degré il semble que la cupidité est enfin satisfaite
et va se reposer dans la tranquille possession de tant de
choses rares ou précieuses. Il n'en est rien ; les passions
que le luxe a suscitées ne s'arrêteront plus désormais ; écoutez encore Bossuet : « Il n'y a rien qui soit plus perdu,
nous dit-il, que ce que vous employez à contenter un insatiable. Or, telle est votre convoitise ; c'est un gouffre
toujours ouvert, et qui ne dit jamais « c'est assez ». Plus
vous jetez dedans et plus il se dilate ; tout ce que vous
lui donnez ne fait qu'irriter ses désirs (1). »

Jamais la convoitise ne cesse de désirer, ni le luxe de
s'accroître. Si bien que de recherches en raffinements, et
de raretés en curiosités, il va se perdre enfin dans cet
abime de l'inouï et du surhumain où sombra la société

____

1. Sermon pour le quatrième dimanche de Carême. Sur nos
dispositions à l'égard des nécessités de cette vie.

romaine, et que Suétone peint d'un mot : « *Nihil Nero tam efficere concupiscebat quam quod effici posse negaretur.* » L'impossible sera la dernière étape dans la recherche de l'extraordinaire.

Mais c'est là l'extrême du luxe, ou plutôt ce n'est déjà plus le luxe lui-même, mais bien, je ne sais quelle folie qui lui succède parfois, également éloignée du luxe et de la nature ; le sain usage de la langue refusera même d'appliquer le mot luxe à ces excès, d'où toute idée d'élégance, ou de beauté a disparu, perdue dans l'extravagant.

Le luxe suppose toujours une certaine recherche de la beauté ; mais il n'y atteint pas toujours. La mode, qui s'ajoute au luxe sans se confondre avec lui, vient souvent donner aux choses une beauté de convention, dont la vanité se contente parfois. Mais il est rare que la convention ait tout fait. Même dans les manifestations les plus factices du luxe, les diamants ou les perles par exemple. tout n'est pas de pure imagination. Un diamant est certainement une belle chose, et s'il n'a pas toute la valeur que sa rareté et le désir qu'ont beaucoup de femmes de le posséder et de s'en parer lui ont donnée, il n'en a pas moins une certaine valeur. Il en est de même de ces raffinements, contre lesquels quelques économistes ont si souvent déclamé, différences à peines visibles, nuances imperceptibles aux yeux de la foule, et qui, pour être délicates, n'en sont pas moins réelles. Qu'il faille s'y connaître pour distinguer la vraie dentelle de la fausse, et le diamant du strass, c'est chose certaine ; mais la différence existe, la vraie dentelle est plus fine que l'autre, et le diamant à des feux que le strass ne peut égaler.

Souvent d'ailleurs le luxe rencontre le beau. Les époques de grand luxe, ont été souvent, malgré une grande corruption des mœurs, les périodes brillantes de l'histoire des arts ; la Renaissance en est un exemple éclatant. Les dépenses des classes riches, entretenaient les artistes, et le luxe soutenait l'art, en lui assurant la vie matérielle, C'est même le spectacle de cette alliance du luxe et de l'art, utile autant au luxe qu'elle élève, qu'à l'art dont elle favorise la naissance ou le développement, qui a fait trouver au luxe ses défenseurs les plus convaincus.

Ce sont en effet des périodes brillantes que celles-là, mais rarement bien longues ; bientôt l'équilibre est rompu, le luxe tire à lui, de compagnon l'art devient serviteur, et les artistes se font fabricants. On arrive alors à ces époques d'abaissement où les arts, au service de la vanité ou des jouissances, et dépouillés de tout ce qui faisait leur grandeur, perdent jusqu'à leur nom. Ils deviennent les arts industriels, ou les arts décoratifs ; ils ont cessé depuis longtemps d'être les beaux arts.

Un autre écueil, bien voisin de celui que nous venons de signaler, et où le luxe se peut encore aller perdre, c'est la recherche non plus du beau, ni même du curieux, mais de l'utile ou du commode, du confortable, selon un mot trop à la mode. C'est pour le luxe un péril, car dans ce désir du facile et de l'aisé, dans cette recherche de la satisfaction la plus complète des besoins, qui est le propre du confortable, tout souci du beau disparaît bien vite, et en même temps toute idée véritable de luxe ; c'est ce que dit très bien J. B. Say, dans ces lignes que nous citions tout à l'heure. « Le mot luxe en français réveille en même temps plutôt l'idée de l'ostentation que celle de la sensualité ; le luxe des habits n'indique pas que les habits soient plus commodes pour ceux qui les portent, mais qu'ils sont faits pour frapper les yeux de ceux qui les regardent. Le luxe de la table rappelle plutôt la somptuosité d'un grand repas que les mets délicats d'un épicurien. »

Nous ne confondrons donc pas le luxe avec la passion du confortable, qui prend de nos jours des développements si inquiétants ; à plus forte raison, nous le distinguerons avec soin de la sensualité. Le luxe et la sensualité peuvent se rencontrer chez les individus ou chez les peuples, car entre toutes les passions il y a une affinité secrète, qui fait qu'elles s'appellent et s'attirent l'une l'autre ; mais ils n'en restent pas moins profondément différents. La sensualité c'est la bride lâchée aux passions du corps ; le luxe est essentiellement affaire de vanité, c'est une perversion de l'esprit ; et, tout mis en balance, il peut être encore le remède pour les sociétés qui versent dans l'abîme des passions sensuelles.

Nous nous séparons donc sur ce point de M. Baudrillart, qui, dans le premier livre de son histoire du luxe, a traité avec détails toutes ces questions, et dont nous n'avions guère fait jusqu'à présent que résumer les théories. Parmi les sentiments, ou les passions d'où naît, le luxe, nous ne rangerons pas la sensualité. Elle nous paraît, tout au contraire, un des écueils où il peut se perdre.

III. — Cet exposé rapide des origines du luxe confirme la définition de J. B. Say. « Le luxe est l'usage des choses chères. » Ces choses sont chères parce qu'elles sont belles ; et parce qu'elles sont chères, c'est-à-dire inaccessibles à la plupart des hommes ; l'imagination de la foule y attache une idée de supériorité et de grandeur. Elle envie ceux qui les possèdent, et ceux-ci s'enorgueillissent de les posséder.

Mais dans un état social donné quelles sont ces choses chères, ces choses, qui, suivant l'expression de M. Leroy Beaulieu « dépassent ce que la généralité des habitants d'un pays considère comme essentiel, non seulement aux besoins de l'existence ; mais aussi à l'agrément et à la décence de la vie ? »

Il est impossible, il faut l'avouer, d'en dresser une liste absolument précise. Le luxe varie d'un jour à l'autre, et la limite en est toujours un peu flottante ; c'est qu'il s'agit d'une notion essentiellement relative, et c'est pour cela que, suivant la remarque de J. B. Say lui-même, « le mot cher, dont le sens est relatif, convient assez bien dans la définition d'un mot, dont le sens est relatif aussi (1). »

Ce qui était cher il y a cent ans, est aujourd'hui à la disposition des plus pauvres ; ce qui était luxe au moyen âge, comme l'usage des fourchettes ou des chemises, semble à présent de première nécessité. Le luxe déplace à chaque instant ses bornes, tous les jours il cède quelque parcelle de son domaine au flot montant de la civilisation, tous les jours il recule devant les progrès de la richesse et du bien-être.

(1). *Traité d'Economie politique*, III, 5.

La notion du luxe est donc toute relative ; et ce qui ajoute encore à son indétermination, c'est que le luxe n'agit que comme tendance, son action n'est jamais que progressive. Les doctrines sont absolues, les théories suppriment ou créent le luxe. En réalité, le luxe existe, et existera toujours ; et, s'il grandit ou décroît selon les époques, sa marche est continue et ses progrès insaisissables.

Mais si relatif qu'il soit, le luxe présente, on vient de le voir, un ensemble de caractères généraux assez précis pour permettre de le définir. Et cela suffit pour qu'une étude économique du luxe soit possible.

Prenons un exemple ou deux. Le luxe est ce qui dépasse la moyenne de la vie ordinaire ; c'est même par là que M. Leroy-Baulieu le définit. Son effet est donc de créer des besoins nouveaux, qui, une fois les besoins ordinaires de la vie satisfaits, demandent à leur tour satisfaction, et par conséquent d'employer à la satisfaction de besoins qui somme toute, paraissent de pur superflu, puisque la grande masse des membres d'une société humaine ne les connaît point, et s'en passe fort bien, une certaine portion du travail humain ; par là il détourne ce travail d'autres emplois plus utiles.

C'est là un premier effet du luxe ; un second, non moins incontestable, se déduit du même point de vue. Le luxe en augmentant les besoins de la classe riche, par la création de besoins factices que la seule nature n'enseigne point, fait que cette classe demandera plus de travail, ayant plus de besoins à sastifaire, et ne produisant par elle-même ce superflu, qui lui est devenu nécessaire.

Il augmente donc la somme de travail qui sera remunéré, et peut avoir sur le sort de la classe ouvrière une influence considérable. Pour la déterminer exactement nous aurons plus tard à nous préoccuper de divers ordres de considérations, et notamment à examiner si l'augmentation de la demande du travail est réelle, et si d'autres faits économiques, comme l'épargne, ne peuvent donner aux classes ouvrières une rénumération égale ; mais ce qui est certain, et ce qui s'impose, c'est la direction, c'est l'emploi donné par le luxe à une partie du revenu des riches.

De même, s'il est difficile d'énumérer tous les objets de luxe, il y a des choses qui sont certainement objets de luxe, et il y a des ateliers ou des manufactures qui produisent ces objets de luxe, et qui emploient un nombre considérable d'ouvriers ; bijoutiers, carrossiers, tapissiers, couturières, etc. etc. Si l'on recherchait le taux et les variations de leurs salaires, la moyenne des chômages ou des crises, si l'on pénétrait dans leurs logements, pour se rendre compte de leur manière de vivre, de leur instruction, de leur moralité même, et si l'on comparait les résultats de cette enquête à ce qu'on sait de la condition des ouvriers des autres industries, n'aurait-on pas là un ensemble de faits dont la cause serait précisément le luxe ?

En résumé le luxe se prête à une étude scientifique. Sans doute la notion du luxe est relative, mais quelle est, dans les sciences morales, celle qui peut partir de définitions absolument précises et de principes d'une exactitude mathématique ; et conteste-t-on pour cela la valeur de leurs conclusions ? Nous pouvons donc aborder sans crainte

l'étude du luxe, et en rechercher les conséquences économiques.

IV. — Nous laisserons de côté dans cette étude toutes
les considérations d'esthétique ou de morale.

Tout a été dit de ce côté, depuis longtemps, et d'une
façon définitive. Et puis tout cela n'a exercé souvent que
trop d'influence sur les théories économiques. La morale
réprouve le luxe, et la morale chrétienne, qui est somme
toute le fondement de la morale moderne, plus que toute
autre. Les économistes ont trop souvent pris cette condamnation de la morale comme point de départ de leurs
recherches sur le luxe ; c'était un résultat acquis d'avance,
et qu'il s'agissait seulement de justifier. Rien de plus
dangereux que de telles préoccuppations dans une étude
scientifique. On y a été souvent poussé par une façon de
concevoir le but et la mission de l'économie politique,
admise assez généralement il y a un certain nombre
d'années, très contestée maintenant, et que nous croyons
tout à fait fausse.

On a considéré tout d'abord l'économie politique comme un art, en même temps qu'une science ; on a cru
qu'elle devait, sur toutes les choses dont elle s'occupe,
donner, non des lumières, mais des conseils, et des préceptes, qu'elle n'avait pas d'études à faire, mais des
questions à trancher. La science économique devient,
dans cette théorie, la grande éducatrice des législateurs,
et des peuples ; c'est elle qui sur toutes les questions
sociales prononce définitivement.

Mais les questions sociales sont de leur nature fort
complexes, et elles empruntent à des considérations d'or-

dres très divers les éléments de leur solution ; de sorte
qu'il arrive nécessairement de deux choses l'une : ou l'é-
conomiste décide à l'aveugle, et résout sur des données
incomplètes des problèmes, dont il ne soupçonne même
pas la difficulté ; ou, moins hardi et mieux éclairé, il en-
vahit le domaine de toutes les sciences voisines ; il les
traite souvent sans la compétence et les études prépara-
toires, qui seraient nécessaires, et toujours à un point
de vue faux parce qu'il est borné, et parce que ce qui est
le principal dans la question n'y intervient qu'à titre secondaire ; c'est ainsi que, politique, morale, histoire,
philosophie, religion même, s'entassent pêle mêle dans
des compilations, qui n'ont plus de l'économie politique
que le nom.

C'est cette conception fausse qui a souvent fait demander à l'économie politique seule la solution définitive de
la question du luxe qui relève de bien d'autres sciences,
et où l'influence des idées économiques ne doit être que
secondaire. L'économie politique n'a pas à dire si d'une
façon générale le luxe est bon, ou mauvais pour les sociétés, s'il faut l'encourager, ou le proscrire ; elle doit seulement étudier l'action du luxe sur la richesse, sur sa production, sa circulation et sa répartition. Elle doit donner
des éléments de la solution définitive, mais elle n'a pas
à donner cette solution (1).

Un autre préjugé non moins fâcheux, c'est la supposi-
tion d'un accord nécessaire, et comme d'une harmonie

1. Cpr. ce que disait récemment M. de Courcelle Seneuil à l'A-
cadémie des Sciences morales et politiques. Séance du 2 juillet 1887.

<table>
<tr><td>Dubost</td><td align="right">9</td></tr>
</table>

préétablie, entre les lois économiques et les lois morales (1).

En réalité rien de plus faux que cette idée, qui est très généralement répandue, et à l'appui de laquelle on n'a jamais apporté un argument sérieux, ni une observation concluante. Car le livre de M. Baudrillart (2), que quelques écrivains, trompés sans doute par le titre, ont cité parfois en ce sens, s'occupe d'une question toute différente. Il énumère tous les points de contact des deux sciences, il explore leur domaine commun, la partie contestable et contestée de leurs frontières ; il montre l'aide réciproque qu'elles se peuvent donner, et les lumières, dont elles s'éclairent l'une l'autre, mais l'auteur n'essaye pas un instant de démontrer cette thèse de la concordance nécessaire des solutions.

Et d'ailleurs *a priori* quoi de plus étrange que cette harmonie constante entre deux sciences, dont le but et le point de départ sont si différents, entre la science de l'utile et celle du bien ? Que sont-elles l'une et l'autre, sinon le développement de ces deux principes dont la lutte forme l'essence et le mystère de la vie humaine ? Il est de mode aujourd'hui de comparer les sociétés aux individus, et d'appliquer à l'organisme social les lois qui régissent l'organisme individuel ; si une telle assimilation contient quelque part de vérité, pourquoi les sociétés échapperaient-elles à ce perpétuel conflit des deux natures, à cet incessant combat de l'intérêt et du devoir, dont

1. Cpr. Droz. *Econom. politique,* livre IV, chap. 1, et ch. 4.
2. *Rapports de la morale et de l'Economie politique.*

l'homme ne se peut jamais retirer ; pourquoi l'être collectif ne connaîtrait-il que des harmonies, et l'être individuel que des luttes ; et pourquoi enfin les sociétés ne verraient-elles jamais s'ouvrir devant elles ce double chemin dont parle le poète.

Mais tout dément cette théorie, histoire, philosophie, religion, tout ce que l'homme sait, et tout ce qu'il croit est là pour lui rappeler les contradictions et les faiblesses inhérentes à sa nature, et pour lui crier à chaque instant que, quoiqu'il fasse, société ni individu n'échapperont jamais à cette loi éternelle de l'humanité ; tout contredit cette prétendue loi d'un accord nécessaire, tout la dément ; et rien n'expliquerait le crédit qu'elle a rencontré et qu'elle rencontre encore chez beaucoup de bons esprits, si deux causes n'y avaient contribué, que ceux-là qui en subissaient le plus directement l'influence ne distinguaient souvent pas eux-mêmes. La première est une fausse conception de la morale, legs facheux du sensualisme du xviiie siècle, dont les économistes ont sur trop de points gardé fidèlement la tradition. Si la morale n'est que la science de l'utile, il est bien certain qu'elle ne doit jamais contredire l'économie politique qui est, elle aussi, la science de l'utile ; seulement il y a à cela une cause bien plus simple que cette harmonie mystérieuse, c'est que les deux sciences n'en font plus qu'une.

La deuxième raison est une sorte d'hostilité, souvent inconsciente d'ailleurs de certains économistes de l'école dite classique (1), contre les dogmes de l'Eglise catholique.

1. Fr. Bastiat, par exemple, qui par ses *harmonies économiques* est l'auteur véritable de la théorie que nous combattons.

Or, le catholicisme, par le dogme du péché originel et de la chûte, donne l'explication de ces contradictions et de ces luttes, comme en donne le remède par le dogme de la rédemption. Nier la contradiction, c'était rendre les dogmes inutiles et la religion sans objet, et c'est souvent pourquoi on l'a niée.

Instruits par ces exemples, nous éviterons ces deux écueils. L'économie politique est la science de la richesse et de ses lois, nous lui demanderons quelle est l'influence du luxe sur les richesses et sur ses lois, quels sont les effets du luxe sur les intérêts matériels des sociétés. Dans cette recherche nous laisserons de côté toute considération de morale, et nous accepterons pour vraie la solution qui nous paraîtra telle, qu'elle concorde ou non avec les lois de la morale.

Eclairés alors sur le rôle du luxe dans la vie économique des sociétés, nous chercherons dans d'autres sphères la solution définitive de la question sociale du luxe ; ce sera peut-être alors l'heure d'écouter la voix de la morale.

CHAPITRE II

I. — Parmi les questions que le luxe soulève il en est une qui naît du spectacle même du luxe. Le luxe consiste essentiellement dans l'usage par une classe privilégiée, de choses chères, c'est-à-dire inaccessibles à la masse des membres de la société. C'est la consommation, l'emploi en satisfactions, en jouissances, par la classe riche, (car le luxe suppose nécessairement des riches et des pauvres), d'une portion très considérable des produits du travail humain ; et cela alors que cette classe qui prend dans le résultat de la production cette part considérable ; est celle qui y contribue le moins directement. Les riches consomment ce qu'ils n'ont pas produit et les pauvres produisent ce qu'ils ne consomment pas. L'usage de ces fruits du travail de la classe ouvrière constitue le privilège d'un petit nombre d'élus, et c'est même parce que ces choses sont le partage d'un nombre restreint qu'elles sont objets du luxe.

Nous avons vu tout cela, mais ce qu'il faut bien remarquer, c'est que le luxe crée un contraste permanent entre la vie et ces jouissances de deux fractions de la société ; unies par la communauté d'origine, de race et d'institutions politiques, ces deux classes vivent cependant profondément séparées ; entre elles rien de com-

mun ; satisfactions, jouissances, plaisirs, idéal ou bonheur,
tout est différent ; et pourtant elles se touchent, elles se
cotoyent tous les jours. Ce sont deux peuples distincts,
qu'un caprice du hasard a rapprochés ; mais entre ces
concitoyens de la même patrie, de la même ville, aucune
ressemblance, aucun lien !

Et ce ne sont pas là seulement conceptions théoriques ;
ce sont les faits de tous les jours ; c'est le spectacle que
le luxe étale quotidiennement devant nos yeux, et qui
frappe les moins observateurs et les plus indifférents.

Ce contraste saisissant, qui a inspiré bien des pages
au moraliste ou au philosophe, doit susciter aussi les réflexions de l'économiste. Entre ces deux classes que tout
distingue, on peut se demander en effet s'il n'y a pas au
moins un lien économique. Le travail de l'une s'emploie
à satisfaire les vanités de l'autre ; c'est là peut-être leur
seul point de contact. On peut en rechercher la cause et
les effets. Le luxe des riches paie le travail des pauvres ;
il les fait vivre. Y a-t-il là un mode nécessaire d'entretien des classes ouvrières. Au fond des choses que se
passe-t-il en réalité ? Cet échange, quelles lois le règlent ?
quel profit en tirent les pauvres ; et somme toute, le luxe
des riches est-il nécessaire à leur existence ; ne leur
serait-il pas au contraire funeste ? Les ouvriers, qui vivent
du gaspillage et de la prodigalité des riches, profitent de
leurs dépenses ; mais l'Etat souffre de cette prodigalité,
la perte qui les atteint comme membres de l'état ne com-
pense-t-elle pas tout le profit qu'ils retirent comme particuliers.

Il y a là tout un ordre de questions qui se ramènent

toutes à cette idée commune, l'influence du luxe sur la condition des ouvriers. C'est une recherche de cet ordre que nous essayons d'entreprendre. Et si nous avons pris pour but l'étude de l'influence du luxe sur la répartition c'est parce que pour les classes pauvres, qui n'ont que leur travail pour vivre, la part que les lois économiques leur attribuent, dans le fonds produit, et partagé entre les coopérateurs de la production, constitue leur seule ressource. C'est leur contingent dans la répartition qui fixe leur condition.

II. — Sur cette question, l'influence du luxe sur le sort des pauvres, il y a une théorie très répandue et qui, jusqu'à la naisssance de la science économique, a régné à peu près sans partage. C'est encore aujourd'hui l'opinion des gens qui ne se piquent pas de connaissances scientifiques, et qui, prenant les phénomènes par leur côté extérieur, répètent sans hésiter l'axiome courant que « le luxe fait aller le commerce, » de ceux qui diraient volontiers avec La Fontaine.

> « La république a bien affaire »
> « Des gens qui ne dépensent rien »
> « Je ne sais d'homme nécessaire »
> « Que celui dont le luxe épand beaucoup de bien (1). »

Ceux-là estiment, comme Montesquieu, que « si les riches ne dépensent pas beaucoup, les pauvres mourront de faim (2) ». Enfin ils applaudiraient volontiers aux vers de Voltaire.

1. Avantages de la science.

2. *Esprit des lois*, livre VII, chap. 4. Il est vrai que d'autres passages de l'*Esprit des lois* semblent démentir ce que Montes-

« Sachez surtout que le luxe enrichit,
« Un grand état, s'il en perd un petit.
« Le riche est né, pour beaucoup dépenser (1). »

Il est vrai que même au xviiie siècle, les vers de Voltaire n'allaient pas sans discussion. La défense du mondain, ou l'apologie du luxe (2), avait soulevé une polémique des plus violentes. Si les uns l'approuvaient, comme M. de Melon (3), elle rencontrait d'un autre côté des critiques très vives. Et l'auteur était même obligé d'aller voyager en Hollande, pour laisser s'apaiser le bruit des polémiques, et s'éteindre l'ardeur de la controverse. Il est vrai que l'économie politique n'avait pas été seule coupable de l'exil de Voltaire, dû suivant les uns à quelques plaisanteries trop libres sur Adam et le paradis terrestre, et suivant une autre opinion plus probable, à un tableau trop flatteur du gouvernement de Colbert. Ce n'est pas d'aujourd'hui que l'éloge du passé, sert à voiler la critique du présent, et le cardinal de Fleury avait pris ombrage des compliments adressés au ministre de Louis XIV.

quieu dit ici des Etats monarchiques, par exemple le ch. 7 du même livre 7. Mais ce que Montesquieu dit dans ce chapitre est présenté comme la conséquence des conditions particulières à la Chine.

1. Défense du mondain. Cp. La fable des abeilles de Mandeville, publiée à Londres en 1723, traduite en français en 1740.

2. 1737.

3. Lettre à Madame la comtesse de Verrue par M. de Melon, ci-devant secrétaire du régent du royaume, *sur l'apologie du luxe*, 1736. Cet ouvrage parle d'un volume de Voltaire sur le même sujet « le Mondain » paru en 1736.

Enfin déjà à cette époque, et du sein de la philosophie du xviiie siècle, se dressaient contre la théorie de la nécessité sociale du luxe, des contradictions, non moins passionnées, et plus éclairées : tout le monde connaît la superbe tirade de Rousseau. « Le luxe achève bientôt le mal que les sociétés ont commencé, et sous prétexte de faire vivre les pauvres, qu'il n'eût pas fallu faire, il appauvrit tout le reste et dépeuple l'État tôt ou tard. Le luxe est un remède beaucoup pire que le mal qu'il prétend guérir, ou plutôt il est lui-même le pire de tous les maux dans quelque état, grand ou petit, que ce puisse être, et qui pour nourrir des foules de valets et de misérables qu'il a faits, accable et ruine le laboureur et le citoyen ; semblable à ces vents brûlants du midi qui, couvrant l'herbe et la verdure d'insectes dévorants, ôtent la subsistance aux animaux utiles et portent la disette et la mort dans tous les lieux où ils se font sentir (1). »

III. — On sent déjà dans cette déclamation toute la théorie des économistes en germe. Bientôt en effet (2), Adam Smith allait publier ses célèbres « Recherches sur la nature et les causes de la richesse des nations, » et l'économie politique allait s'emparer dès ses débuts de cette question du luxe, que le xviiie siècle avait mise à la mode.

Eclairée des principes de la science nouvelle, la question prenait un aspect tout différent. Le rôle traditionnel du luxe était renversé. Le luxe n'était plus une source de

1. Discours sur l'origine de l'inégalité parmi les hommes, question de concours proposée par l'Académie de Dijon, 1753.
2. 1776.

richesse pour les Etats, mais une cause d'affaiblissement
et de ruine ; les dépenses des riches ruinaient les pauvres
bien loin de les faire vivre ; enfin la science nouvelle
faisait de l'économie le seul moyen d'enrichir les nations
et d'entretenir les classes ouvrières.

Adam Smith avait prêché l'économie, et jeté les bases
de la théorie nouvelle. Bientôt J. B. Say, s'attaquant
corps à corps à cette conception si répandue du luxe des
riches nécessaire à la vie des pauvres, allait renverser
à jamais, il s'en vantait du moins, jusqu'aux fondements
de ce préjugé, et établir d'une façon définitive le règne
de la théorie de l'épargne. « Les progrès de l'économie
politique, dit-il non sans quelque pompe, en faisant connaître les véritables sources de la richesse, feront tomber pour jamais ce prestige ; la vanité pourra se glorifier
de ses vaines dépenses, elle sera le mépris du sage à
cause de ses conséquences, comme elle l'était déjà par
ses motifs (1). »

Et en effet que dit-on, que le luxe donne du travail à
ceux qui n'ont que leurs bras pour subsister ; « le luxe
fait travailler certaines classes d'ouvriers, l'épargne
d'autres classes. (2). »

Au contraire « qui balancera le mal d'une consommation qui n'a pour objet la satisfaction d'aucun besoin réel ;
d'une dépense qui n'a pour objet que cette dépense
même, d'une destruction de valeurs qui ne se propose
d'autre but que cette destruction ? Elle procure, dites-

---

1. *Cours complet d'Économie politique,* partie I, chap. 14.
2. *Ibidem.*

vous, des bénéfices aux producteurs des objets consommés ? Mais la dépense qui ne se fait pas pour de vaines consommations se fait toujours, etc. » (1).

Et comme conclusion : « Ce que le raisonnement démontre, est confirmé par l'expérience, la misère marche toujours à la suite du luxe. Un riche fastueux emploie en bijoux de prix en repas somptueux, en habits magnifiques, en chiens, en chevaux, en maîtresses, des valeurs, qui placées productivement auraient acheté des vêtements chauds, des mets nourrissants, des meubles commodes, à une foule de gens laborieux, condamnés par lui à demeurer oisifs et méprisables, alors le riche a des boucles d'or et le pauvre n'a pas de chemise (2). »

Et ce n'est pas là une opinion isolée. Toute l'école classique a répété ces paroles, elles constituent tout le fond de la théorie de Stuart Mill (3) sur le luxe et les consommations improductives, comme de l'ouvrage récent de M. de Laveleye, *le luxe*. C'est la théorie de l'école dite rigoriste. Et en effet, quoiqu'en ait dit Say, les lumières de la science nouvelle n'ont pas paru suffisantes à tous, ni ses raisonnements décisifs. La théorie qui condamne absolument le luxe, et le déclare aussi funeste aux intérêts des sociétés que pernicieux pour les individus, a rencontré des contradicteurs. En face de l'école de J. B. Say. s'est formée une école adverse ; cette école, certains rigoristes, défendant la morale avec une ardeur quelque peu surprenante chez les adeptes d'une science, qui n'a été

1. *Traité d'Économie politique* III, 5,
2. *Traité d'Economie polit.* III,5. *cpr*. Bastiat *Sophismes écomiques.*
3. *Dans ses principes d'Eco. polit.*

historiquement que la réaction des intérêts matériels-
contre les exagérations prétendues de doctrines trop exclusivement morales, l'ont nommée l'école relachée, faisant
de ce mot un argument pour terminer la controverse ;
en quoi ils paraissent avoir oublié qu'une injure n'est
jamais un moyen de discussion.

L'opinion de cette école dite relâchée, qui défend le
luxe et soutient la vieille théorie que le luxe fait aller le
commerce et fait vivre les pauvres, est encore aujourd'hui
l'opinion courante, l'opinion vulgaire. C'est celle des
gens du monde, des écrivains, et des hommes d'Etat qui
approuveraient encore aujourd'hui les paroles de Fox,
jugeant en 1794 les conséquences économiques de la
Révolution : « C'est une erreur de la France, disait-il,
d'avoir pensé que d'enlever aux riches leur argent n'est
pas nuire à la classe pauvre ; c'est le luxe des riches qui
alimente le pauvre par le moyen de son industrie. » (1)
Et de fait les gouvernements n'appliquent pas d'autres
principes quand par tous les moyens possibles, travaux
publics, expositions, primes aux théâtres et aux sociétés
de courses, encouragements donnés aux industries de
transport, ils s'efforcent d'attirer dans les villes les
étrangers ou les provinciaux, et d'exciter la dépense des
classes riches. Notons enfin comme dernière preuve de
l'opposition que rencontre encore aujourd'hui chez les
économistes la théorie de J. B. Say les contestations, les
critiques, les réserves de toutes sortes qui ont accueilli
la présentation à l'Académie des sciences morales et
politiques du livre de M. de Laveleye sur le luxe : on

1. Cité par Say, *Traité d'Economie politique*, III, 5.

s'est récrié bien haut contre la rigueur exagérée des conclusions de l'économiste belge, dont l'ouvrage n'est pourtant que l'exposé très-net des doctrines de l'Ecole classique sur le luxe.

M. Frédéric Passy (1) et M. Leroy Beaulieu (2) ont pris vigoureusement la défense du luxe si fort malmené par M. de Laveleye ; et si M. Leroy Beaulieu a surtout fait valoir en sa faveur des considérations d'intérêt social, s'il a parlé de son influence sur la marche de la civilisation et l'accroissement du bien être général, si enfin, il a mis en relief le côté esthétique du luxe, trop souvent oublié par les rigoristes, M. Frédéric Passy a pris soin de déclarer qu'il n'entendait faire de la morale ni de l'esthétique, mais de l'économie politique pure. « Cette science, a-t-il dit, a son mot à dire aussi bien que la morale dans les questions de consommation. On peut en effet considérer les dépenses, non pas seulement par rapport à leurs conséquences morales mais aussi par rapport à leurs conséquences économiques, c'est à dire à leur influence sur la production, la conservation, l'augmentation, ou la destruction des richesses. »

Et peu après il a cité l'histoire si connue des bonnets de Franklin. Il s'est, il est vrai défendu de parler du luxe « ce mot étant trop vague, dit-il en rappelant les expressions de Droz, pour que la science l'emploie lorsqu'il faut éveiller des idées justes et positives. » Mais le nom ne change pas les choses : c'est bien du luxe que s'occu-

1 Séance du 2 juillet 1887.
2 Séance du 6 août 1887.

pait M. F. Passy, comme c'est du luxe que traite le livre de M. de Laveleye dont il parlait.

IV. — La prédiction de J. B. Say, ne s'est donc pas accomplie, et la controverse est loin d'être tranchée. Beaucoup de bons esprits ont même essayé de terminer le débat par une transaction; si bien qu'outre les deux théories opposées et contradictoires, il en existe une troisième, qu'on peut appeler la théorie du juste milieu. Ceux qui l'ont proposée avaient bien compris que les exagérations de la doctrine rigoriste, la rendent difficilement acceptable, dans les termes au moins où elle s'est produite; d'un autre côté les excès et les dangers du luxe, ses abus si fréquents et si criants, enfin l'influence des considérations morales, leur faisaient également repousser la théorie dite relâchée. C'est pourquoi ils ont abouti à une sorte de compromis. Ils accordent aux partisans du luxe que les sociétés ne sauraient se passer complétement de cet agent si puissant de civilisation et de progrès; le luxe est donc nécessaire, et ils l'admettent en principe; mais ils reconnaissent qu'il peut présenter et qu'il présente souvent des excès, qui constituent un péril pour les sociétés non moins que pour les individus; il le faut donc maintenir dans de justes limites; si le luxe modéré exerce sur la marche des sociétés l'influence la plus heureuse, le luxe extravagant et abusif est au contraire mauvais: la modération du luxe voilà en un mot tout leur système.

« On ne peut s'empêcher de trouver bien dur pour l'humanité ces docteurs impitoyables qu'on voit maudire, sous le nom de luxe, tant d'inventions utiles et agréables

qui ont augmenté la quantité du bonheur sur la terre, »
dit l'un des représentants, les plus autorisés de cette
théorie juste milieu, M. Baudrillart « Comment ne pas
bénir ces inventions, quand on songe au nombre d'heures
doucement écoulées que notre espèce leur a dûes, à la
sociabilité développée, au charme du foyer domestique
accru pour le plus grand bien de la moralité elle-même?
Autant donc le luxe qui veut briller et jouir à tout prix
est l'ennemi de ce bien-être, autant le désir de posséder
ces jouissances qui n'ont rien de condamnable en elles-
mêmes peut, quand il ne dégénère pas en sybaritisme,
favoriser le développement d'un bien-être solide, et faire
naître d'honnêtes efforts.

Ces distinctions semblent déjà dicter à l'historien du
luxe privé et public ses devoirs, et la mesure de ses
jugements. Impitoyable pour un luxe qui est le fléau des
familles et la perte des états, il aimera passionnément la
civilisation et l'humanité, et tout ce qui sert à les honorer. Il louera le luxe des arts. Il montrera les excès
coupables de la vanité, les effets funestes des abus sen-
suels (1). »

« Quant à la limite suffisamment exacte et précise à
laquelle commence l'excès ou l'écart des raffinements ou
du superflu, ajoute-t-il un peu plus loin, il me semble
qu'elle est fort convenablement indiquée dans les lignes
suivantes (2) : Il est une limite au delà de laquelle le

1. *Histoire du luxe*, liv. 1 ch. 1.
2. Empruntées aux *principes d'Economie politique* de M. W.
Roscher

besoin nouveau qu'on observe, ou celui qu'on ressent avec plus de vivacité, n'est plus un signe de progrès, mais une marque de décadence. Tels sont les besoins immoraux, ou déraisonnables. Or, il ne faut pas considérer uniquement comme immoraux les besoins qui ne peuvent être satisfaits qu'au mépris des lois morales, mais aussi ceux qui font préférer les superfluités matérielles aux exigences de l'âme, ou ceux qui ne font acheter la jouissance de quelques-uns qu'au prix de la détresse du grand nombre. Les besoins déraisonnables ne sont pas seulement ceux qui entraînent à des dépenses au delà du revenu mais ceux qui sacrifient le nécessaire au superflu. »

Enfin quelques pages plus loin M. Baudrillart résume et précise les distinctions de Roscher. « On nous demandera d'abord, dit-il, ce que nous entendons par le luxe abusif : il peut être selon nous absolu ou relatif.

Absolu : tout luxe condamné par la morale, les convenances et le goût est absolument mauvais.

Il y a une autre manière d'abuser du luxe ; elle se manifeste quand il y a disproportion entre la dépense et le revenu, même si l'objet de la dépense n'a rien d'immoral ; même si cette dépense ne paraît point frapper par son excès, elle peut, en sacrifiant le nécessaire au superflu, devenir essentiellement blâmable.

C'est alors le luxe mauvais relatif.

Pour nous tout superflu immoral ou ruineux, rentre dans la catégorie du luxe abusif (1) ».

1. *Histoire du luxe* I. 3.

C'est à peu près ce que dit M. Batbie (1). Pour lui il n'y a de luxe mauvais et condamnable que le luxe extravagant. « Celui qui consiste à acheter non ce qui est utile, mais ce qui est cher, et à faire, quoiqu'à un degré moindre, des actes analogues à ceux de l'insensé Héliogabale. » Et comme exemple du luxe extravagant, M. Batbie cite le trait d'une grande dame de la cour de Louis XIV, qui avait vendu, disait-elle, une mauvaise terre, qui ne lui rapportait que du blé, pour acheter une glace de Venise (2).

V. — Le critérium de l'école modérée consiste donc dans l'extravagance ou l'immoralité de la dépense. Il est essentiellement relatif, comme le remarque M. Batbie lui-même. « Il y a, dit-il, un luxe extravagant, qu'il serait bon de frapper par tous les moyens. Mais ce luxe consiste dans le caractère de la personne, dans son extravagance, dans ses désirs immodérés, non dans la qualité des objets qu'elle consomme (3) ». Nous ne discuterons pas ici la valeur de cette théorie, prise en tant que solution définitive de la question du luxe. Il y aurait à ce point de vue un problème de morale assez délicat ; car s'il y a des manisfestations du luxe qui n'offrent aucun caractère d'immoralité, le luxe en lui-même, comme tendance et comme principe d'action, est essentiellement mauvais, parce qu'il dérive de passions mauvaises, vanité

1. Conférence à la Sorbonne. *Revue des cours littéraires.* 65, 66. p. 465.

2. Voyez dans le même sens Batbie, *Nouveau cours d'économie polit.* Tome II. p. 50 et suiv. Roscher. *principes*, II, page 225 et suivantes.

3. *Nouveau cours d'Economie politique* II.

et cupidité : de sorte que si l'on ne consulte que la morale, les rigoristes pourraient bien avoir raison : et les distinctions un peu subtiles de M. Baudrillart et de Roscher n'être pas bien solides.

Mais nous laissons tout cela de côté et, n'envisageant que le point de vue économique, nous nous demandons, s'il y a vraiment là la solution scientifique du problème qui nous occupe ; s'il y a les éléments d'une théorie des effet du luxe sur les intérêts matériels des sociétés. Nous nous demandons si, en d'autres termes, le caractère de modération ou d'extravagance, de moralité, ou d'immoralité des dépenses de luxe peut être la cause d'effets économiques différents ?

Il semble bien que non. Quelle influence peuvent exercer sur les conséquences d'une consommation ou d'un d'un déplacement de richesses, la moralité, ou l'immoralité du principe qui en est l'agent ? Que la dépense soit faite dans un but ou dans un autre, quelle provienne de sentiments élevés et nobles ou de désirs bas, le phénomène économique paraît bien le même, et l'on n'aperçoit, aucune raison sérieuse de distinguer. De même pour l'extravagance de la dépense — Très-important lorsqu'il s'agit du maintien des fortunes privées, ce caractère semble de peu de valeur lorsqu'il s'agit des sociétés qui retrouvent d'un coté ce qu'elles perdent d'un autre, et pour lesquelles la ruine d'un particulier n'est qu'un déplacement de richesse. Qu'importe à la société qu'une grande dame échange contre un objet inutile une terre qui rapportait du blé ? La terre n'a pas disparu pour cela, et l'Etat n'y a rien perdu ; il a peut-être même gagné, si la terre passée en des mains plus habiles et moins dédaigneuses du blé qu'elle peut produire, est mieux travaillée et rapporte davantage. Toutes ces considérations ne peuvent donc avoir sur les phénomènes économiques que des conséquences indirectes et lointaines — Sans doute la moralité ou l'immoralité de ses membres, est pour une société affaire capitale, mais en est-il de même des manifestations de cette immoralité et leur valeur économique est-elle modifiée par leur caractère moral? On pourrait dire, il est vrai. que le luxe immoral en énervant l'être humain, ôte au travail son énergie, et à la production sa puissance; par là il peut nuire à l'état. Mais ce n'est déjà plus un effet direct du luxe; et puis ne faudrait-il pas faire une distinction qui ruinerait toute la théorie? elle ne s'applique en effet que si l'agent du luxe immoral est un travailleur, si c'est un oisif son énergie ni son travail n'ont plus d'action sur la production : l'état se désintéresse et le critérium est en défaut.

Cette troisième théorie ne résout pas plus que les deux autres la question des effets économiques du luxe. Et ce qui prouve mieux que tous les raisonnements son insuffisance, comme solution de ce problème, c'est l'aveu implicite d'un des partisans les plus autorisés de l'école modérée. Parmi les satisfactions immorales, et qu'il faut condamner comme telles, Roscher place « celles qui ne font acheter la jouissance de quelques-uns qu'au prix de la détresse du grand nombre. » Que de telles consommations soient profondément immorales, par leurs conséquences, nous l'admettons bien volontiers ; mais le sont-elles aussi en elles-mêmes et par leurs caractères intrinsèques ? Rien n'est moins prouvé, et la précaution que prend Roscher de les ajouter à son énumération semble montrer qu'il n'en n'est pas bien sûr lui-même. C'est là pourtant le nœud de la question et le vif du débat. Car enfin l'école relâchée prétend qu'aucune dépense de luxe ne peut jamais produire un pareil résultat, et l'école rigoriste affirme qu'elles le produisent toutes. Il ne suffit donc pas de condamner les dépenses qui produisent un tel effet, il faut les définir. Pour cela il n'y a qu'une méthode c'est d'étudier directement, et à la lumière des seuls principes économiques, l'influence des dépenses de luxe sur les lois de la richesse. C'est ce que nous allons essayer de faire.

CHAPITRE III

EFFETS GÉNÉRAUX DU LUXE.

Le luxe est tout à la fois une consommation et un échange; il consiste en effet, nous l'avons déjà dit, dans l'usage par la classe riche de choses que produisent les classes ouvrières. Les riches achètent les objets que les pauvres ont fabriqués, et les appliquent à la satisfaction de leurs besoins ou de leurs désirs. Il y a donc là deux faits successifs, qu'il faudra envisager l'un après l'autre. Le luxe est tout d'abord une consommation, c'est-à-dire l'acte par lequel un produit du travail humain, une richesse au sens économique du mot, disparaît du fonds créé pour l'utilité générale. Il a donc nécessairement des effets qui atteignent la société toute entière, et par suite les classes ouvrières, membres de cette société et coparticipantes de ce fonds commun.

L'étude de ces effets constitue la partie générale de notre étude de l'influence du luxe sur la répartition. Quand elle sera achevée, nous devrons nous préoccuper du second aspect, et envisager le luxe comme un échange du travail et du salaire. Ce sera alors plus spécialement notre sujet; car l'étude du mécanisme et des lois de cet échange nous montrera une action plus directe du luxe sur la condition des classes ouvrières, ce sera l'étude des effets spéciaux du luxe sur la répartition.

I. — Examinons le premier aspect, et considérant le luxe comme une consommation, voyons quelles conséquences aura pour la société la nature spéciale des objets consommés. C'est à ce point de vue que le luxe a été le plus souvent envisagé. Depuis J. B Say tous les économistes ont placé l'étude du luxe dans la théorie de la consommation; c'est aussi à ce point de vue, disons le tout de suite, que le luxe rencontre les critiques les plus sérieuses.

Le luxe est, nous l'avons dit, l'usage des choses chères. Or les choses chères sont toujours rares. D'ordinaire leur rareté vient de leur haut prix; peu de personnes pouvant les acheter, la production en est nécessairement limitée. Mais quelquefois aussi c'est l'inverse, elles sont chères perce qu'elles sont rares, et c'est leur rareté qui les rend chères; les antiques, par exemple, ou les pierres précieuses, dont la beauté réelle n'explique qu'une partie de la valeur; tout le surplus du prix étant l'effet de la passion des amateurs qui se les disputent.

C'est encore les mêmes causes qui font payer très-cher certains produits du sol, fruits naturels d'une exposition, ou d'un terroir particuliers, comme les truffes, ou les vins de Champagne, et qui font attribuer à certains talents extraordinaires de chanteurs ou d'acteurs par exemple, une rémunération qui ne correspond économiquement ni au travail accompli, ni au service rendu.

Dans tous ces cas, il y a un tribut véritable payé soit à des dons naturels, soit à un hasard heureux, comme celui de la découverte d'une statue antique, ou de la possession fortuite d'un bibelot que la passion du jour remet pour

quelque temps à la mode ; mais cette dépense ne peut
agir que d'une façon bien lointaine sur la condition des
classes ouvrières, car d'une part le tribut qui en résulte
tombe tout entier sur la classe riche dont il contribue
seulement à diminuer les ressources disponibles, et d'autre part il n'y a pas à vrai dire consommation, parce qu'il
n'y a pas destruction de valeur ; la valeur de toutes
ces choses n'étant que de convention. Nous pouvons
donc négliger cet ordre de faits, qui n'a d'ailleurs
que peu d'importance dans l'ensemble de la répartition.

II. — Mais presque toujours le haut prix des objets de
luxe vient non pas de leur rareté, qui n'est que la conséquence de leur haut prix, mais du travail qui s'est incor-
poré à ces objets. La fabrication des objets de luxe veut
beaucoup de travail, et c'est ce travail qui fait souvent la
plus grande partie de leur valeur. Cela arrive par
exemple pour les bronzes ciselés, les émaux, les bois
sculptés, ou les tapisseries des Gobelins.

Ce travail est de bien des sortes. Souvent, et c'est le
cas le plus simple, il aura fallu polir et ciseler les métaux,
sculpter le bois ou passer de longues heures devant un
métier à tisser une tapisserie où à entrelacer les fils
d'une dentelle ; la valeur du produit provient alors du
travail qu'a demandé la production. Cela se rencontre
même pour ces objets rares dont nous parlions tout à
l'heure ; une partie du prix dont on les paie rémunère
les soins de fabrication, extraction, et taille du diamant,
recherche des perles, soin de conservation des grandes
vins, etc, etc. Seulement le travail n'est alors que l'ac-

cessoire, tandis que d'ordinaire il est le principal. D'autres fois le travail aura consisté à amener à grands frais et de régions éloignées les produits d'une industrie exotique comme les chinoiseries ou les tapis d'Asie.

Souvent enfin ce sera non seulement la quantité mais la qualité du travail qui sera rémunérée. C'est, nous le verrons dans la suite, un caractère très fréquent du travail de fabrication des objets de luxe d'être long et délicat, et par suite assez bien rémunéré. Mais au fond il y a là rien de réellement distinct des deux premières hypothèses, car cette élévation du prix, en rémunérant la délicatesse et le fini du travail, paie non seulement le temps effectif consacré à la confection de l'objet qu'on achète, mais encore le temps passé en apprentissage ou en essais. C'est toujours un produit qu'on paie cher, parce que la confection en a exigé beaucoup de travail.

Ce qu'achète et paie celui qui fait une dépense de luxe c'est surtout du travail. L'auteur anonyme des « Considérations sur la richesse et le luxe (1) le remarque trèsbien : « Richesse et puissance, dit-il, sont une seule et même chose. car tous les objets qui constituent la richesse n'auraient aucun prix, si par leur moyen l'homme ne convertissait à son usage la force, et le travail des autres. » Le luxe dépense beaucoup de travail, c'est là un de ses caractères essentiels, et il le dépense pour des jouissances dont nous n'avons pas à apprécier ici la moralité, mais qui offrent ce caractère économique certain

---

1. Publiées à Amsterdam en 1787.

d'être de pur superflu. Or le travail humain est borné et sa puissance strictement limitée, est-il besoin de le faire remarquer ? Quelques développements merveilleux qu'ait pris l'industrie humaine, quelques étonnantes conquêtes qu'elle fasse chaque jour, ce n'est encore qu'a force de travail, qu'elle accomplit sa tache quotidienne. Qui sait de quelles fatigues et de quelles sueurs est fait ce que nous nommons le progrès ?

Et plus la civilisation avance, plus l'intensité du travail semble s'accroître. Les machines, où le début de ce siècle avait salué l'émancipation des travailleurs, leur imposent trop souvent une servitude plus lourde encore. Si la machine produit, plus on travaille, au moins tout autant. « Il est douteux, a dit Stuart-Mill, que toutes nos machines aient diminué d'une heure le travail d'un seul être humain. » C'est qu'en effet le plus souvent comme le remarque très-justement M. Ch. Périn « au lieu de commander aux machines, l'homme les sert (1). » Sans doute la tâche est moins lourde et l'effort musculaire moins pénible, mais la surveillance est continuelle, et la tension des facultés incessante ; le repos, l'arrêt d'un instant, en dehors des heures réglées, est impossible ; il faut aller toujours, et, comme l'organisme de fer auquel il est attaché, l'ouvrier ne doit plus connaître ni faiblesse ni défaillance.

Le sort des ouvriers est encore bien dur ; leur labeur bien pénible, leurs satisfactions bien souvent bornées au strict nécessaire. Repos, plaisirs, jouissances n'apparais-

---

I. *De la richesse dans les Sociétés chrétiennes*, III page, 51

sent dans leur vie qu'à de rares et rapides instants ; à peine s'ils les goûtent assez pour en connaître le désir et pour en garder le regret.

Si tout cela est vrai, si pourtant d'êtres humains la vie est encore si dure et le travail si pénible, l'humanité n'a pas de temps à perdre, elle n'a pas tant de loisirs, qu'elle se fabrique des hochets, des bijoux ou des futilités ! Et voilà une des raisons principales des reproches que l'on fait souvent au luxe ; voilà pourquoi il contient en son principe même quelque chose d'essentiellement mauvais. C'est qu'il fait peser sur l'humanité ce lourd tribut d'un travail incessant : c'est qu'il empêche le salutaire repos du corps fatigué, la culture intellectuelle, le développement moral, c'est qu'il immobilise dans un atelier enfumé des êtres faits pour respirer le grand air des champs ; c'est qu'il enferme dans une usine les enfants, les filles, ou les femmes que le foyer ou l'école devraient garder, c'est que ses jouissances sont faites des souffrances d'autrui.

Et ce n'est pas tout ; car en même temps qu'il impose aux classes ouvrières un labeur dont elles ne goûteront jamais les fruits, le luxe les détourne d'autres travaux plus utiles. En les occupant à tisser des dentelles où à ciseler des bijoux, il les empêche de se tisser des vêtements, ou de se préparer des aliments, toutes choses dont elles sont insuffisamment pourvues, dont elles ont encore besoin. Travail et misère, voilà les deux termes de ce premier et déplorable effet du luxe. « Le luxe consiste, avons-nous dit, à consommer pour un besoin factice un objet qui a couté beaucoup de travail, s'écrie M. de Laveleye. Lorsque le travail est si nécessaire pour procurer aux hommes de quoi satisfaire leurs besoins, quand tant d'êtres humains vivent encore dans un dénuement presque absolu, peut-il être légitime et bon d'employer une grande partie des forces que les capitaux et les ouvriers mettent à notre disposition, pour produire un superflu dont souvent même il vaudrait mieux se passer ?

Le point capital et trop oublié est celui ci, tout objet de luxe coûte beaucoup de travail, ce travail ne peut-il pas être utilisé d'une façon plus rationnelle ? Si vous considérez un individu isolé cette vérité apparaîtra clairement. Est-il un homme assez insensé pour consacrer trois ans de son existence à se fabriquer un joyau qui, en réalité, ne lui servira de rien ? Ce qui cache l'absurdité c'est le phénomène de l'échange, et le fait ordinaire que celui qui porte le bijou, le commande à autrui. Mais si l'on considère l'humanité comme un seul homme, obligé de satisfaire à ses besoins par son labeur, on voit clairement que c'est folie d'employer une partie d'un temps si précieux à se tailler des diamants, quand elle marche encore si souvent pieds-nus. Les habitants d'un état disposent d'un certain nombre d'heures par jour; s'ils en consacrent la moitié à fabriquer des futilités, il est inévitable que la moitié de la population manque du nécessaire. Un empereur de la Chine disait : si un de mes sujets ne travaille pas, il y a dans mes états quelqu'un qui souffre de la faim et du froid. Creuser un trou pour le remplir, broder un devant de chemise, ou monter des pierreries, ce n'est pas travailler car ce n'est pas produire » et il conclut « Que Dieu jette un regard sur cette terre, et qu'il y voie des millions d'hommes occupés à confectionner des choses inutiles, comme des bijoux et des dentelles, ou des choses nuisibles, comme l'opium et les spiritueux, et à côté d'eux des millions d'autres hommes dans un dénuement extrême ; que notre race lui paraîtra sotte, puérile et barbare ! Elle passe son temps à se fabriquer des colifichets et des chiffons, et elle n'a pas de quoi se nourrir et se vêtir (1). »

Nous avons insisté peut-être un peu longuement sur tous ces points, qui sont presque évidents, car cet effet du luxe frappe les yeux des moins clairvoyants, lorsqu'il s'agit de certaines prodigalités qui rentrent d'ailleurs dans le luxe.

Personne qui ne voie, par exemple, qu'en enlevant aux travaux industriels ou agricoles les domestiques qu'on fait figurer dans une antichambre, on nuit à l'agriculture ou à l'industrie, qui devront ou travailler plus pour remplacer les bras qu'on leur enlève ou se résigner à produire moins.

De même les chevaux de luxe consomment le fourrage qui pourrait nourrir des bœufs, des moutons, ou des vaches ; ce qui en diminue l'élevage et ôte à l'alimentation générale une certaine quantité de lait ou de viande.

De même aussi les parcs, dont l'abus a soulevé bien souvent les protestations des économistes anglais, enlèvent à la culture des terres fertiles et diminuent d'autant la quantité de blé que l'on peut produire (2). Ce sont donc

1. *Le luxe*, page 28, 30 et 49. Cpr. ce que Montesquieu dit de la Chine, *Esprit des lois*, livre VII, ch. 7.
2. Cpr. Stuart-Mill. *Principes*, 1, 63.

là choses banales ; il était utile cependant d'insister et de faire remarquer que ces effets, que l'on aperçoit si facilement dans certains cas, viennent non pas de circonstances accidentelles, s'ajoutant au luxe, mais de son principe et de son fond. Ce sont les effets essentiels, les conséquences régulières du luxe.

III. — Les consommations de luxe présentent un second caractère non moins important ; c'est que la perte qui résulte pour la société de la destruction de richesse, à laquelle elles aboutissent est définitive. Elles se traduisent en une pure jouissance, qui ne sert en rien à préparer la production future. Les subsistances consommées par un ouvrier ne le sont pas sans compensation ; en entretenant un travailleur elles ont coopéré à la production. Au contraire ce que le luxe détruit est détruit sans retour. Le luxe est une consommation improductive.

L'Économie politique distingue en effet les consommations en deux classes. Les unes productives servent à préparer la production future. La richesse ne disparaît que pour reparaître bientôt sous une forme différente et avec une utilité plus grande ; les autres improductives font disparaître la richesse sans retour ni équivalent. Leur but est uniquement de satisfaire un besoin, ou de procurer une jouissance, sans que l'œuvre de la production y soit en rien intéressée.

« Dans ce langage de l'économie politique, dit Stuart Mill, tout travail est dit improductif quand il se traduit par une jouissance immédiate, sans accroissement dans la masse des moyens de jouissances permanentes. Tous les membres d'une communauté ne sont pas producteurs, mais tous sont consommateurs ; ils consomment soit productivement, soit improductivement. Quiconque ne contribue à la production ni directement ni indirectement est un consommateur improductif. Les seuls consommateurs productifs sont les travailleurs productifs, et dans le nombre nous comprendrons ceux qui dirigent aussi bien que ceux qui exécutent. Mais la consommation même des travailleurs producteurs n'est pas toute entière consommation productive. Les travailleurs producteurs peuvent consommer et consomment en effet improductivement. Tout ce qu'ils consomment dans le but d'entretenir ou d'améliorer leur santé, leurs forces, leur capacité de travail, ou dans celui d'enseigner leur art à ceux qui doivent les remplacer, est consommation productive.

Tout ce qui se consomme en plaisirs, ou en superfluités, soit par les travailleurs, soit par les oisifs, quand la production n'est ni le but ni le résultat de cette consommation, doit être compté comme consommation improductive. Il convient d'excepter cependant une certaine dépense de jouissances qui peuvent être considérées comme besoins, nécessités, et dont la privation ôterait au travail une partie de son efficacité (1). »

La classe des consommateurs improductifs comprend d'ailleurs des gens qui travaillent, et beaucoup. L'épithète d'improductif signifie simplement que le travail ne concourt pas directement à l'œuvre de la production matérielle de la richesse. Il n'est pas question de l'uti-

1. *Principes* I, p. 54 et 57.

lité de la consommation qu'il faudra juger sur d'autres principes ; ce qu'envisage la distinction des consommations improductives, c'est uniquement l'effet de la dépense sur la masse de la richesse générale. Aussi Stuart-Mill a-t-il soin de remarquer que « le travail improductif peut être aussi utile que le travail productif ; il peut être plus utile même (1). »

Les consommations de luxe sont certainement des consommations improductives, elles se traduisent uniquement par une satisfaction, par une jouissance. La richesse une fois consommée la société s'en est appauvrie d'une façon définitive, il y a pour elle perte sèche ; en un mot, on ne retrouve pas dans ces consommations ce caractère essentiel de la consommation productive de n'être que la préparation d'une production ultérieure. D'où un nouvel effet des dépenses de luxe sur la richesse générale, et par voie de conséquence sur la condition des classes pauvres. La richesse produite, et que l'on peut consommer est limitée, comme les forces humaines dont elle sort. Si l'on en prend beaucoup, pour la consacrer à des consommations improductives, il est évident qu'on en pourra moins employer à la consommation reproductive. La production de l'avenir en sera donc gravement atteinte et sa fécondité diminuera. On produira moins que l'on aurait pu produire, moins que l'état de la civilisation et les progrès de l'industrie ne l'auraient permis. La masse à partager sera moindre, et la part de de chacun sera réduite.

1. *Ibid.* page 55.

C'est ce qu'explique très-bien Stuart Mill. Il suppose qu'un individu qu'il nomme, C. dépense en équipages, en festins, en consommation de luxe, une somme de 10.000, francs « S'il a reçu, dit-il, de son argent une valeur équivalente en articles de luxe, en productions rares, en subsistances, et qu'il les ait appliqués soit à sa propre consommation, soit à celle de ses amis, de ses domestiques, etc, etc., ces articles ont cessé d'exister, et rien n'a été produit qui les remplace; tandis que si au contraire ces 10.000 francs avaient été employés sur une ferme, ou dans une manufacture. leur consommation aurait été balancée, et au delà, à la fin de l'année par de nouveau produits, créés par le travail de ceux qui eussent consommé ces 10.000 f. Par l'effet de la prodigalité de C, ce qui eût été consommé avec retour se trouve consommé sans retour. Le capital national se trouve donc diminué de 10.000, francs et le revenu national de tout ce que ces 10.000. francs employés comme capital eussent contribué à produire.

C'est sur les travailleurs que cette perte tombe le plus lourdement, car ces 10.000, fr. auraient pu être employés à l'entretien perpétuel d'un certain nombre de travailleurs, reproduisant constamment leur consommation, et c'est de cet entretien qu'ils sont aujourd'hui privés (1). »

IV. — En résumé, l'étude du luxe, considéré comme consommation, nous amène à lui reconnaître ce double caractère de consommation de superflu et de consommation improductive. Le luxe est un emploi du travail à

______

1. *Principes*, I, p. 68 et 69.

la fois inutile et stérile, et par là il diminue doublement
la richesse sociale, il nuit à l'état et en même temps aux
classes pauvres. C'est surtout sous cet aspect que le luxe
a été envisagé par les économistes. D'où les critiques
qu'ils lui ont si souvent adressées, d'où aussi leur théorie de l'épargne à outrance, dont il nous reste à dire
quelques mots.

L'épargne en effet, surtout dans nos sociétés où l'on
thésaurise de moins en moins, et où tout capital épargné
est un capital placé, ou qui va l'être, constitue le type
des dépenses productives. « Une valeur épargnée, dit
J. B. Say, est en effet une valeur qui non seulement se
consomme, mais dont la consommation se renouvelle tous
les ans (1) ». Aussi la théorie que nous exposions, tout à
l'heure d'après Stuart-Mill n'est-elle autre chose au fond
que ce que l'on dit tous les jours, quand on se plaint que
le luxe empêche la formation du capital. C'est ce que dit
J. B. Say. « La prodigalité est plus que l'avarice fatale à
la société ; elle dissipe, elle ôte à l'industrie les capitaux
qui la maintiennent ; en détruisant un des grands agents
de la production, elle met les autres dans l'impossibilité
de se développer (2). » Le luxe n'est pas mauvais comme
consommation improductive, mais parce qu'il empêche
les consommations productives, et celle qui les embrasse
toutes c'est-à-dire l'épargne.

On voit en même temps que l'épargne apparaît comme
un remède aux conséquences fâcheuses de ces deux ca-

1. *Cours d'Économie polit.* I, p. 357.
2. *Traité d'Économie politique*, III, 5.

ractères que nous venons de reconnaître au luxe. Car non seulement c'est un emploi reproductif de la richesse, mais c'est un emploi utile. L'argent placé se consomme, et se consomme en journées d'ouvriers, en achat de marchandises, etc., c'est-à-dire, en définitive, en salaires ; et ces salaires serviront à payer des choses utiles. Dès lors si le travail que le luxe impose ne disparaît pas, il est du moins remplacé par un travail utile, par la production des objets nécessaires aux classes ouvrières.

La substitution de l'épargne au luxe a été un des grands principes des économistes de l'école classique. L'épargne n'est pas seulement pour eux un acte de bonne administration, une pratique louable, c'est un devoir, dont l'accomplissement est une vertu sociale, tandis que la prodigalité est le plus funeste des vices.

Ecoutons J. B. Say. « Les personnes, dit-il, qui par un grand pouvoir ou de grands talents cherchent à répandre le goût du luxe, conspirent contre le bonheur des nations. Si quelque habitude mérite d'être encouragée, dans les monarchies, comme dans les républiques, dans les grands états comme dans les petits, c'est uniquement l'économie (1) ». « Un homme économe, a dit Adam Smith, cité par J. B. Say, est comme le fondateur d'un atelier public ; il établit en quelque sorte un fonds pour l'utilité perpétuelle (2), » et Say ajoute : « quand de toutes parts les arts industriels se sont multipliés, quand les gouvernements, plus éclairés sur leurs intérêts, ont protégé la sû-

1. *Traité d'Économie polit.*, III, 5.
2. *Cours d'Ecomie politiqne*, I, 357.

reté des industries et les fortunes qui naissaient de leurs efforts, alors l'accumulation a eu un tout autre caractère; elle a été non seulement justifiable aux yeux de la raison, mais elle est devenue un acte à la fois de sagesse et de vertu. De sagesse parce que ce n'était plus seulement une jouissance future, qu'elle se proposait aux dépens d'une jouissance présente, mais une source nouvelle de revenus et de bien-être qu'elle ouvrait. En effet former un capital c'est créer un champ, et un champ qui commence à rapporter à l'instant même. C'est en même temps un acte de vertu parce que c'est un moyen de travail qu'on offre à des hommes laborieux. Ainsi une valeur épargnée est une valeur qui non seulement se consomme, mais dont la consommation se renouvelle tous les ans, et une valeur que l'on dissipe est une valeur qui ne se consomme qu'une fois. Tout prodigue est un ennemi public, et tout homme économe doit être regardé comme un bienfaiteur de la société (1). »

L'économie est donc la vertu sociale par excellence, voilà la conclusion des économistes classiques. Si juste qu'elle nous paraisse, attendons cependant quelques instants encore avant de l'adopter, et continuons l'examen des effets du luxe, en le considérant sous son deuxième aspect, celui d'un échange de travail et de salaires.

---

1. *Cours d'Economie polit.*, I, 357 et suivants.

Cpr. sur cette question, F. Bastiat, *Sophismes économiques : La vitre cassée ; Epargne et luxe*. Batbie. *Cours d'Économie politique,* tome III, page 50 et suivantes. Stuart-Mill. *Principes* II, 76 et suivantes. Roscher. *Principes d'Economie politique* préface de Wolowski.

CHAPITRE IV

EFFETS SPÉCIAUX DU LUXE SUR LA RÉPARTITION

I. — Nous allons considérer maintenant le luxe comme un échange de travail et de salaires ce qui est son deuxième aspect, par là nous entrerons directement au cœur de notre sujet.

Il y a en effet deux choses à distinguer avec soin, lorsque l'on étudie la part de chaque classe dans la répartition annuelle. Il y a d'abord la part possible, celle que la somme des richesses produites, comparée au chiffre de la population permet théoriquement de lui attribuer; la formule en est très simple et Adam Smith l'a donnée. « Selon que le produit du travail, a-t-il dit, se trouvera être dans une proportion plus ou moins grande avec le nombre des consommateurs, la nation sera plus ou moins bien pourvue de toutes les choses nécessaires, ou commodes dont elle éprouve le besoin (1). » A ce point de vue, c'est la production qui est l'élément capital, et presque la seule chose à considérer. C'est cette répartition possible dont nous nous sommes préoccupés jusqu'ici.

Mais ce n'est pas là la répartition réelle. Il y a, pour saisir la réalité dans sa complexité et dans son ensemble, à tenir compte d'autre chose que de ces deux éléments

1. *Richesse des Nations*, tome I, p. 2.

presque mathématiques, *quantum* de la production et chiffre de la population. La formule d'Adam Smith ne nous donne évidemment pas la part qui en fait est attribuée à chacun. Les sociétés et les états ne disent pas à chacun selon ses besoins, mais bien à chacun selon ses droits. Or si les besoins véritables peuvent être supposés à peu près identiques chez tous les individus, les droits sont certainement inégaux.

Un grand fait domine la répartition dans notre état social, c'est l'appropriation individuelle du capital. Terres, constructions, usines, machines, matières premières, monnaie même, tout ce qui directement ou indirectement concourt à la production, tout est approprié ; tout ce qu'elle crée l'est aussi. Tous les produits de l'industrie humaine, dont nous faisions tout à l'heure une masse et comme un fonds commun où chacun venait librement puiser pour satisfaire ses besoins, constituent la fortune individuelle et privée des membres de l'état. De sorte que le problème se complique d'une seconde question, qu'il faut d'abord résoudre : comment, sous quelle influence, tous ces produits passeront-ils aux mains de ceux qui les doivent consommer, comment chacun se procurera-t-il ce dont il a besoin ? C'est là le vif de la question.

On comprend dans ces conditions l'intérêt qu'il y a à examiner le luxe sous son deuxième aspect, à y considérer l'échange du travail et du salaire. C'est en effet par l'échange que la richesse arrivera aux consommateurs, et atteindra le but pour lequel, on l'a produite, la satisfaction des besoins humains. L'échange, direct dans les sociétés très primitives, se fera presque exclusivement dans nos sociétés modernes au moyen d'un intermédiaire, la monnaie commune mesure et équivalent commun de toutes les marchandises ; mais l'intervention de la monnaie, tout en compliquant les phénomènes ne change rien au fond des choses, et il y a toujours échange de produits ou de services contre des services ou des produits.

L'échange se fera d'ailleurs sous la seule impulsion et la seule règle de l'intérêt privé, c'est de là en effet qu'il faut partir dans toute étude de la richesse. C'est l'intérêt privé qui est le grand ressort du monde économique ; c'est le seul dont l'économie politique puisse tenir compte. Il en existe cependant d'autres ; d'autres sentiments, d'autres puissances sont répandus dans le monde et agissent même sur les phénomènes économiques. Il y a le dévouement, la charité, l'amour, principes de toute vie sociale et sans lesquels aucun état ne subsisterait un seul instant ; il y a aussi l'influence des coutumes, des lois, ou de l'action directe des gouvernements ; plus faible ou plus puissante selon les sociétés et les temps, cette influence ne disparaît jamais tout à fait et nous la voyons encore exercer de nos jours sur les faits économiques une action considérable. Mais tous ces mobiles divers sont, tant par les effets que par les règles d'application, hors des prises de la science économique. Elle n'y peut atteindre parce que, plongeant par leurs racines dans d'autres sphères et dérivant de principes différents ils échappent à son point de vue borné. Leur action est intermittente, leurs effets incertains et inexplicables. L'intérêt privé au contraire toujours constant, toujours égal, toujours semblable à lui même, agit avec une régularité et une précision toutes mathématiques.

Son action ne manque jamais, elle a toute la sûreté et toute la généralité nécessaires pour servir de base à une étude scientifique.

Ajoutons qu'en fait c'est le seul mobile dont les économistes se soient préoccupés d'ordinaire, le seul qu'ils aient voulu pour construire leur science nouvelle. Parfois même, suivant en ce point comme en beaucoup d'autres les principes de la philosophie sensualiste du xviiie siècle, ils ont contesté l'existence même de ces autres mobiles, ou nié tout au moins leur action sur les phénomènes économiques ; fidèles disciples en cela de l'école qui ne voyait chez l'homme que des appétits et dans le monde que le jeu des intérèts.

Ce sera donc l'échange dirigé par l'intérêt privé qui réglera la répartition. Mais l'échange suppose que l'on donne quelque chose en retour de ce que l'on désire ; il suppose qu'on possède déjà. Ce ne sera donc plus le besoin mais la richesse de chacun qui déterminera sa part de répartition, on n'aura que l'équivalent de ce qu'on pourra offrir ; la règle de la répartition sera la demande, c'est-à-dire suivant l'excellente définition de Malthus « la volonté jointe au pouvoir d'acheter (1). » Pour avoir part à la masse des richesses produites, il ne suffira pas de désirer, il faudra payer. « Toutes les personnes qui connaissent la nature de la demande effective, remarque le même économiste, comprendront parfaitement que partout où le droit de propriété est établi, et où les besoins de la société sont satisfaits au moyen de l'in-

____

1. *Principes d'Économie polit.*, tome I. p. 63.

dustrie et des échanges, l'envie qu'un individu quelconque peut avoir de posséder des choses d'une grande utilité ou d'agrément, quelque forte qu'elle soit, ne contribuera, en rien à les faire produire, » (ajoutons ni à les lui faire attribuer dans la répartition, si par hasard elles se trouvent déjà produites), « s'il n'y a pas d'ailleurs une demande réciproque pour quelques unes des choses que cet individu possède (1). » En définitive ce qui détermine la part réelle de chacun dans la répartition, c'est ce qu'il a déjà, c'est la quantité de produits qu'il offre en échange de ce qu'il veut, et le besoin ou le désir qu'ont de ce qu'il détient ceux à qui ils s'adressent.

II. — Or dans notre état social s'il y a des gens qui possédent beaucoup, et qui dans ce marché général offriront beaucoup, d'autres n'ont rien ou presque rien. Non seulement en effet les biens sont appropriés, mais, ce qui en est la conséquence nécessaire, les fortunes sont inégales.

Une classe, celle des riches possède la presque totalité des choses appropriées ; la terre d'abord, source première de toute richesse, condition nécessaire de toute production, parce qu'elle fournit la matière à toutes les transformations de l'industrie et à toutes les transactions du commerce. Tantôt la classe riche en possède directement la plus grande partie, comme en Angleterre : tantôt, comme en France, elle n'est propriétaire que d'une fraction beaucoup plus restreinte ; mais par les prêts et surtout les prêts hypothécaires, qui sont la plaie des pays

1. *Loco citato*, II, p. 19.

de petite propriété, elle possède au sens économique et pratique du mot bien des terres que le cadastre déclare la chose des paysans. Elle les possède, parce qu'elle prélève sur les terres une rente annuelle, qui est l'intérêt de l'argent prêté, et parce que le paysan ne pouvant presque jamais rembourser sans délais, et l'acte de prêt n'ayant stipulé qu'un terme assez court et qui est depuis longtemps passé, elle est maîtresse d'exproprier le propriétaire à sa guise, et quand il lui plaira. On a appelé le droit de créance *jus ad rem*, droit qui tend à la chose, cela est encore plus vrai du droit hypothécaire, où le caractère de réalité est si fortement empreint. Quand on va au fond des choses, quand on complète par le relevé des inscriptions hypothécaires les énonciations du cadastre, on s'aperçoit bien vite que, dans les régions même de la France où la propriété foncière est le plus émiettée, la classe bourgeoise est encore la véritable maîtresse d'une partie considérable des terres.

Il faudrait dire la même chose des industries et des fonds de commerce, avec tout leur matériel et tous leurs accessoires. Presque tout est aux mains d'une seule classe de la société tantôt par la possession directe, tantôt par cette sorte de possession indirecte qui résulte du prêt. Malgré donc le développement de l'épargne, malgré la diffusion des titres de sociétés, presque tout le capital, presque tout ce qui sert à produire est concentré aux mains d'une seule classe.

C'est là l'état social actuel. Nous l'acceptons, notons le en passant, comme un fait qui s'impose, et qu'il nous faut prendre comme base de notre étude. Est-il bon, est-il

mauvais, et ne peut-on rêver des formes de sociétés différentes, nous ne le rechercherons pas. Ce n'est pas le
lieu de discuter ici cette question, qui pourrait paraître
d'ailleurs un peu oiseuse. Car la propriété individuelle,
et comme conséquence inévitable l'inégalité des fortunes,
apparaît à notre époque comme le résultat presque
fatal du progrès des sociétés. La civilisation brise en
marchant les vieilles formes de la propriété collective, qui
ont déjà si bien disparu de l'Europe moderne, qu'il faut
aller en chercher les traces jusqu'au fond des steppes les
plus reculées de la Russie. Partout la propriété individuelle tend à prévaloir.

Qu'il n'y ait là rien d'absolument nécessaire, que ce ne
soit qu'une forme transitoire de l'évolution des sociétés,
c'est possible, c'est même probable. Mais rien ne fait
encore pressentir la révolution qui renversera les bases
du système de l'appropriation individuelle, (car nous ne
parlons pas ici d'une simple substitution de propriétaires,
mais de la disparition de la propriété elle-même) ; rien ne
semble encore indiquer l'approche de cette transformation
rêvée par quelques esprits généreux. La propriété semble donc bien nécessaire à notre état social, puisqu'on n'a
pas encore trouvé ce qu'on pourrait mettre à sa place.
C'est d'ailleurs cette nécessité qui est à la fois pour elle
la meilleure justification et le gage le plus certain de durée.

Il ne sera peut-être pas inutile non plus de faire remarquer que si nous prenons comme point de départ de cette
étude la notion générale de propriété, telle qu'elle est
conçue à notre époque dans presque toutes les sociétés

arrivées à un certain degré de développement, nous ne nous préoccupons nullement des conditions de l'appropriation individuelle spéciales à telle ou telle contrée. Ces conditions, les différences dans le régime et la division de la propriété, auraient cependant sur notre question même une influence réelle ; par exemple le luxe d'un grand nombre de familles aisées aura des effets différents de celui d'un nombre restreint de grands propriétaires. Le premier sera moins large, moins généreux : il paiera plus chichement, avec moins de libéralité. Par contre, étant plus général il offrira moins les périls du véritable luxe. La mode n'exercera sur lui qu'une action plus lente et moins absolue, et la ruine des particuliers l'atteindra moins gravement. « Il est physiquement possible, observe Malthus, qu'un petit nombre de très riches propriétaires et capitalistes créent une demande très considérable. Mais dans le fait, l'expérience a toujours fait voir que la richesse excessive du petit nombre n'équivaut jamais, quant à l'étendue de la demande, à l'aisance du grand nombre (1). »

La division des fortunes, si importantes au point de vue politique, a donc des conséquences économiques (2). Cependant, ne visant en ce moment qu'à la théorie générale des effets du luxe, nous négligeons toutes ces distinctions qui embarasseraient peut-être la question ; il nous suffit d'avoir constaté d'une façon générale et en bloc l'état et la division des fortunes en France au xixe siècle.

1. *Principes d'Économie polit.* II, p. 150.
2. Voyez sur ce sujet Batbie. *Cours d'Économie polit.* tome I, p. 332.

III. — Les riches possèdent tous les éléments de la production, ils en possèdent également les produits ; objets utiles, nécessaire à l'existence, sources et soutiens de la vie, tout est entre leurs mains, et c'est là que les pauvres les devront aller chercher. Car en face des riches de cette classe privilégiée, il y a les pauvres ceux qui, de ce stock accumulé de richesses qui fait le patrimoine d'un pays n'ont qu'une part insuffisante, quand ils en ont une ; ceux-là sont cependant consommateurs, au moins ils doivent l'être, car ils ont des besoins. Pour satisfaire ces besoins, il leur faudra acheter des produits, et les acheter des riches qui les détiennent. Or ils n'apportent sur le marché que leur travail, que l'ouvrage de leurs deux bras ; c'est le seul moyen d'échange qu'ils possèdent. Ce sera donc par ce travail ou plutôt par la rémunération de ce travail par le salaire qu'ils paieront les objets qui leur sont si nécessaires.

Mais ils ne pourront le faire que si de son côté leur travail est demandé, c'est-à-dire si les riches en ont besoin. La condition essentielle de leur existence, c'est le besoin que les riches ont de leur travail et la demande qu'ils en font. « Un homme qui ne possède que son travail, dit Malthus, ne fait de demande de produits qu'autant que ceux qui en ont à leur disposition ont besoin de son travail (1). »

C'est là le point primordial, autour duquel tourne tout le problème. La part des travailleurs dans la réparti-

1. *Loco citato*, II p. 150.

tion ne dépend que de la valeur que la classe riche donnera à leur travail.

C'est ici qu'apparaît, et très nettement, le rôle du luxe dans la répartition, rôle capital et essentiel. Qui ne voit, en effet, que le luxe, en augmentant les besoins des classes riches, augmente la demande qu'elles font du travail. Les besoins naturels sont limités ; si les riches se bornaient à contenter ces premiers besoins, et une fois leurs nécessités satisfaites ne dépensaient plus rien, il est aisé de voir que la demande qu'ils feraient de travail serait très restreinte. Si une fois en possession de ce que, suivant les expressions de M. Leroy Beaulieu, « la généralité des habitants d'un pays considère comme essentiel, non seulement aux besoins de l'existence, mais aussi à l'agrément et à la décence de la vie, » ils arrêtaient leur demande de travail, la misère arriverait bien vite pour les travailleurs ; et non seulement les industries de luxe seraient ruinées, leurs produits ne trouvant plus d'acheteurs, mais même les manufactures des choses les plus nécessaires à l'existence devraient s'arrêter car la demande du travail se restreignant, la demande que les classes ouvrières font des choses utiles se restreindrait de même, l'une étant la conséquence de l'autre. Le luxe apparaît donc, dans la répartition réelle, comme un intermédiaire bienfaisant entre le riche et le pauvre, donnant au travail sa valeur et faisant par le salaire passer une partie de la fortune du riche aux mains du pauvre. Le luxe des riches est pour le travail des classes pauvres un auxiliaire précieux ; en augmentant sans mesure les besoins, bornés par la nature, de ceux qui détiennent la richesse, il augmente la valeur de la main d'œuvre, et accroît la seule fortune des pauvres. Que par hypothèse le luxe soit chassé d'un état, sans qu'un agent de répartition d'une égale puissance le remplace, les besoins des riches se réduiront d'une quantité considérable (car il est naturel de supposer qu'ils ne feront pas d'aliments, de vêtements, ou d'autres choses utiles une demande plus considérable que celle qu'ils faisaient déjà, et qui leur suffisait), la plupart des ouvriers cesseront d'être occupés et payés, et tomberont dans la misère, dont le luxe des riches seul les préservait.

On comprend facilement maintenant l'origine et la nature véritable de ce tribut de travail que les classes ouvrières paient au luxe. Le luxe en est la cause, disions nous ; c'était une erreur ; il n'en est que l'emploi, et il vaut économiquement parce qu'il en est l'emploi. La cause en est tout autre. C'est l'inégalité des fortunes et l'appropriation individuelle, qui font que les richesses nécessaires à l'existence sont concentrées et comme monopolisées aux mains d'une classe. Pour vivre, toutes les autres doivent nécessairement payer tribut à cette classe privilégiée. L'effet du luxe est de permettre le paiement de ce tribut, en augmentant la demande que font les riches du travail, seule monnaie en laquelle les pauvres peuvent s'acquitter.

On voit maintenant, soit dit en passant pourquoi nous disions au début de cette étude que le luxe des riches devait seul nous préoccuper : c'est parce qu'il est le seul auquel on puisse reconnaître cet effet de répartition si important. Quant à l'accroissement des consommations chez les classes ouvrières, qui ne rentre pas à notre avis dans le sens propre du mot luxe, mais que l'on appelle parfois de ce nom par métaphore, on n'y aperçoit aucun effet analogue ; ce serait comme augmentation des dépenses et du bien-être, c'est-à-dire dans l'analyse des ressources et de la condition des classes ouvrières, qu'il y aurait intérêt à l'étudier (1).

IV. — Nous ferons ici deux remarques, nécessaires peut-être pour prévenir des objections que l'on pourrait nous adresser. La première, c'est que nous ne contestons nullement l'exactitude de cette considération, souvent développée par les économistes, qu'en fait dans nos sociétés il n'existe pas deux classes distinctes, producteurs et consommateurs, opposées de rôle et d'intérêt, mais que les mêmes individus sont à la fois producteurs et consommateurs, producteurs d'un certain objet, consommateurs et acheteurs de beaucoup d'autres. Tout cela est vrai, mais ne touche nullement ce que nous disions, car, si ces deux qualités coexistent chez presque tous, il y en a toujours une qui prédomine. Celui-là est bien un producteur, qui ne peut consommer que parce qu'il a produit et dont la demande d'objets de consommation est strictement mesurée par le prix qu'il a reçu de son travail : celui-là est un consommateur qui, ne concourrant à la production, ni de ses bras, ni de son intelligence, jouit cependant de revenus considérables, et consomme beaucoup. On peut donc dire qu'il y a des consommateurs, et

1. C'est à ce point de vue que l'ont envisagé par exemple M. Leroy Beaulieu, *Essai sur la répartition*, p. 148, et suiv. et M. Baudrillart, *Économie Politique populaire*.

des producteurs comme on dit qu'il y a du capital, et du travail.

La seconde remarque est plus délicate car elle touche à l'une des questions les plus difficiles de l'économie politique, et que nous n'avons ni l'intention ni la capacité de trancher.

Nous voulons parler de la théorie du fonds des salaires qui pourrait peut-être sembler en contradiction avec les résultats que nous venons de proclamer. Nous avons dit en effet que de l'intensité du luxe dépendait la valeur du travail et la rémunération des travailleurs. Or les partisans de la théorie du fonds des salaires professent que la valeur normale de la main d'œuvre, et le prix courant du salaire dépendent uniquement du rapport mathématique qui s'établit entre le capital et la population. Entre ces deux affirmations y a t-il vraiment contradiction ? Nous ne le croyons pas. Il faut en effet remarquer qu'il ne s'agit dans la théorie du fonds des salaires que de la limite au delà de laquelle les salaires ne sauraient monter du maximun des salaires, des salaires possibles et non des salaires réels. En un mot elle ne pretend fixer que le fonds des salaires c'est-à-dire la somme qui peut-être employée en salaires (1) Nous croyons au contraire avoir atteint une des lois qui règlent le salaire réel, et c'est même là ce qui fait l'importance de l'action du luxe sur la condition des ouvriers. C'est qu'il fixe la part contingente, effective, attribuée à chacun dans la répartition. Nous n'avons donc pas à nous préoccuper ici de cette théorie très

1. Cpr. Stuart-Mill. *Principes*, I, p. 335 et suiv.

contestée d'ailleurs (1) ni à prendre part dans la controverse depuis longtemps engagée sur cette question.

V. — A y réfléchir quelque peu, le résultat auquel nous arrivons, à savoir l'influence capitale du luxe dans la répartition, n'a rien qui nons doive étonner. En effet dès qu'on recherche la réalité concrète, et non les abstractions théoriques, dès qu'on se préoccupe des faits, on s'aperçoit que la notion de production ne peut-être envisagée seule, ni être séparée de l'idée de consommation, qui est son but ; or dans nos sociétés modernes, on ne produit guère pour consommer soi-même ce qu'on aura produit ; on fabrique des objets dont on n'a nul besoin, pour les échanger et se procurer ainsi ce qu'on désire ; on produit pour vendre et pour gagner de l'argent. Il faudra donc, avant de produire, examiner s'il existe une demande suffisante des produits qu'on va jeter sur le marché, c'est à dire nous l'avons vu non pas seulement, s'il y aura des gens qui les désireront, mais des gens qui les désirant pourront les payer. La demande, c'est-à-dire la consommation payante, doit-être la grande régulatrice des industries ; et de fait c'est elle qui les excite, ou les retient, qui y attire les capitaux ou les en éloigne.

C'est donc la consommation qui dans notre état social règle la production ; c'est-elle qui en lui assurant des débouchés la soutient et la fait vivre. C'est ce qu'exprime très-bien, sous une forme paradoxale, cet axiome de

1. Voyez Leroy Beaulieu. *Essai sur la répartition* ch. XIV E. de Laveleye. *Etude sur Cliffe Leslie, Revue des deux mondes,* 1 avril 1881.

Saint-Chamans (I) : « C'est la comsommation qui crée la richesse ». La consommation, qui est l'acte par lequel on détruit la richesse, la crée cependant parce qu'elle assure son emploi, et l'accomplissement de la fin pour lequel elle a été faite, et lui donne par là une valeur certaine et définitive.

Tant en effet que par l'échange un produit n'a pas encore passé de l'atelier du producteur ou du fabricant aux mains de celui qui le doit consommer, on ne peut dire qu'il y ait richesse véritable ; il y a aptitude à le devenir, il y a espérance de richesse, mais il n'y aura richesse, tant au point de vue de la fortune privée que de la fortune publique, qui n'est au fond que la somme des fortunes privées, que lorsque le produit aura trouvé un débouché, c'est--àdire lorsqu'un acheteur, ayant à la fois le désir de l'appliquer à sa consommation, et le pouvoir de le payer, lui donnera par l'achat la valeur en échange qui lui manquait. Alors, et par le fait de cet achat, de cette consommation, le produit, dont la valeur n'était jusque là qu'incertaine et douteuse, aura acquis d'une façon définitive cette valeur qui lui manquait.

Et c'est ce que les partisans les plus orthodoxes de l'école classique reconnaissent eux-mêmes. Son fondateur, J. B. Say, a dit quelque part « La rapide succession des modes appauvrit un état de ce qu'elle consomme, et de ce qu'elle ne consomme pas (2). » De ce qu'elle ne consomme pas et pourquoi donc ? Les produits ont-ils perdu

---

I· *Traité de l'Economie Publique*, tome, I, p. 98.
2. Cpr. Saint Chamans. *Loco citato*. II. p. 93 et suivantes.

quelques-unes de leurs qualités physiques sont-ils corrompus ou gâtés? Nullement, ils sont encore en magasin, tout neufs, à peine défraîchis, et aussi aptes à satisfaire le besoin, s'il existait encore, et à plaire aux consommateurs, s'il s'en trouvait. Et cependant Say a raison, le changement de mode en a véritablement appauvri la société ; les produits, avec l'espoir de trouver jamais un acheteur, ont perdu la possibilité d'être jamais une richesse ; ils ont gardé leurs qualités, ils sont aptes à satisfaire le besoin, mais le besoin n'existe plus chez ceux qui pourraient payer, la mode a changé, et la classe riche n'en veut plus.

Et ce qui montre encore mieux que tous les raisonnements cette importance capitale de la consommation, c'est l'exemple du développement industriel, incomparable qui a suivi en France et en Angleterre, pour ne citer que les faits les plus rapprochés de nous, la création des réseaux de chemins de fer. L'effet le plus immédiat de ce nouveau mode de transport a été, en produisant une meilleure distribution des produits, d'en étendre la consommation et la demande ; d'où la rapide croissance de toutes les industries. Et cela à un moment où, remarquons le bien, le capital était rare ; des sommes énormes avaient été demandées par les sociétés nouvelles, et immobilisées dans les travaux de construction des voies ferrées. Ce n'était donc pas l'abondance du capital, mais l'extension de la consommation qui donnait l'impulsion à la production (1).

1. Cpr. Saint Chamans, I, 353. sq. III, in fine, *Histoire de M. André.* Malthus. *Principes* II, page 123.

C'est donc la consommation qui fait produire ; et voilà pourquoi le luxe, qui n'est que l'extension des consommations de la classe riche, agit sur la production. Voilà pourquoi cette destruction de richesse est la cause de la création d'autres richesses. En résumé, dans le régime de l'appropriation privée, le luxe est une cause de consommamations et d'échanges, puisqu'on ne consomme guère que ce qu'on s'est procuré par l'échange, et par là il agit sur la production, sans lui faire franchir d'ailleurs les limites que lui assignent les conditions générales de développement de la société.

CHAPITRE V

LUXE ET ÉPARGNE

I. — Nous avons vu le luxe apparaître dans le régime de l'appropriation individuelle et de l'inégalité des fortunes, qui en est la conséquence, comme un agent de répartition nécessaire. Il permet à la classe pauvre le paiement du tribut que fait peser sur elle la concentration aux mains de quelques privilégiés des choses nécessaires à l'existence. C'est là son rôle essentiel, c'est là ce qui fait sa valeur économique. Les dépenses des riches nous ont paru le seul moyen de faire vivre les pauvres, et nous en avons conclu que le luxe, qui étend les besoins des riches et augmente leurs dépenses, exerce sur la répartition une action de premier ordre.

Or à cette théorie une objection a été faite. Il y a, a-t-on dit, un autre emploi du revenu des riches qui nourrit aussi les travailleurs. L'économie fournit aux salaires autant que le luxe ; au lieu de prodiguer leur argent en dépenses inutiles, que les riches épargnent, qu'ils accumulent et qu'ils placent, le résultat sera le même.

Écoutez J.-B. Say, parlant d'une consommation qui n'a pour objet la satisfaction d'aucun besoin réel : « Elle procure, dites-vous, des bénéfices aux producteurs des objets consommés, s'écrie-t-il ; mais la dépense qui ne se

fait pas pour de vaines consommations se fait toujours.
Car l'argent, qu'on refuse répandre pour des objets de
luxe, on ne le jette pas dans la rivière. Il s'emploie
soit à des consommations mieux entendues, soit à la
reproduction. De toutes les manières, à moins de l'en-
fouir, on consomme, ou on fait consommer, tout son
revenu ; de toutes les manières, l'encouragement donné
aux producteurs est égal à la somme des revenus (1). »
« Un riche banquier, dit M. de Laveleye, consacre à des
dîners, à des bals, à des fêtes de toute espèce un million
par an, et il entraîne ses invités à dépenser trois ou quatre
fois autant. Les marchands de modes, les tailleurs, les
confiseurs, les coiffeurs, les boutiques de comestibles font
des affaires d'or. Le public est enchanté, « le commerce
va bien. » Arrive un prédicateur imbu (2), de la sainte
rigueur des anciens pères. Il tonne contre le luxe. On l'écoute
on est touché, et chacun se réforme. Plus de bals, plus
de festins ; partout règne l'austérité, on se croirait chez les
quakers. Quel sera le résultat d'un si grand changement ?
Apparemment le banquier et tout son monde ne vont pas

1. *Traités d'Économie politique*, III, 5.
2. Nous supprimons à dessein une partie de la phrase ; la
voici toute entière : « Arrive un prédicateur imbu non *des
théories relachées de l'Église actuelle*, mais de la sainte rigueur
des anciens pères. » Cette accusation si grave de relâchement,
dans une des questions les plus importantes de la morale, glis-
sée entre deux phrases, sans que rien, ni de ce qui suit, ni de
ce qui précède, la prépare ou la justifie, même de la façon la
plus indirecte, nous a paru ne pouvoir être que le résultat
d'une méprise du savant économiste belge. C'est pourquoi nous
avons supprimé au texte la phrase incidente.

jeter leur agent dans la rivière. Qu'en feront-ils? Certes ils voudront en tirer profit. Et comment? L'un améliore une terre longtemps négligée; il plante, draîne, ouvre des chemins et répare des bâtiments; un second agrandit sa fabrique; un troisième prend des actions d'un chemin de fer, et ainsi construit pour sa part quelques mètres de la voie. En un mot tous font travailler, et d'une façon utile et productive, puisqu'ils comptent retirer un intérêt de leurs placements. Le même nombre de millions est dépensé car on ne les enfouit plus en terre. Ils alimentent la même quantité de travail, et font vivre le même nombre d'ouvriers; seulement ceux-ci sont occupés dans les campagnes, où on les voit pas, et non plus dans les ateliers du coiffeur, du confiseur, et de la marchande de modes, où on les avait sans cesse sous les yeux. Il y a donc eu non suppression, mais déplacement d'occupation (1). »

En somme, dit-on, qu'on dépense ou qu'on épargne, l'argent va toujours aux producteurs. Ce que vous admirez comme l'effet d'un luxe indispensable et nécessaire, se produirait sans son action, et suivant les expressions de J.-B. Say, « le luxe fait travailler certaines classes d'ouvriers, l'épargne fait travailler d'autres classes (2). » Le luxe paie des salaires, c'est vrai mais d'autres emplois du revenu en paient également; l'économie, par exemple, peut et doit jouer dans la répartition, le rôle que vous a'tribuez au luxe.

1. *Le luxe*, p. 67 et 68. Cp. Bastiat, *Sophismes économiques. La vitre cassée. Luxe et épargne.* Droz, *Économie polit.*, liv. IV, ch. VII.

2. *Cours d'Économie politique*, 1re partie, ch. XIV.

II. — Cette théorie paraît à première vue quelque peu singulière, et il semble au moins surprenant de voir assimiler des hypothèses aussi différentes en apparence. Que les riches épargnent ou dépensent, qu'ils donnent ou qu'ils prêtent, il n'importe, dit-on ; la classe ouvrière reçoit toujours autant, et c'est tout ce qui l'intéresse. Cependant, en pratique, les gens d'affaires ne confondent pas d'ordinaire ce qu'on leur paye et ce qu'on leur prête. Et si l'on venait dire à un particulier, à un petit commerçant par exemple, qu'il lui est indifférent de recevoir cent francs d'un acheteur, qui les lui doit, ou d'aller emprunter la même somme chez un banquier, qu'au fond les deux choses sont identiques, puisqu'il a dans les deux cas cent francs à sa disposition, il répondrait très bien que ce qu'il reçoit de son acheteur est pour lui une acquisition définitive, tandis que ce qu'il a emprunté au banquier, il ne l'a que pour un temps, et que tôt ou tard il le devra rendre. Pourquoi donc ce qui est vrai d'un particulier, d'un producteur, ne l'est-il pas de toute la classe ouvrière, et comment peut-on prétendre que des circonstances, si importantes, pour ce petit commerçant, sont, pour tous les travailleurs pris en bloc, parfaitement indifférentes?

Examinons les faits d'un peu plus près. Supposons, avec M. de Laveleye une société tout à coup convertie à la simplicité et à l'économie. Les riches, se bornant désormais à un train de vie aisé mais simple, renoncent à tout superflu. Toutes les futilités, toutes les inutilités disparaissent et le luxe avec elles. Les revenus des riches dépassent bientôt la somme restreinte de leurs besoins, ils accumulent, ils placent. C'est le règne de l'économie !

Voilà des sommes considérables mises à la disposition de la production, qui s'en empare bien vite. Le capital stimule toutes les industries ; les outillages se renouvellent, on fabrique, on achète de nouvelles machines, on emploie des procédés de fabrication perfectionnés, on ouvre des canaux, et des chemins de fer, on met en culture des terres restées en friche ; la production décuple ; les anciennes usines regorgent d'ouvriers, et l'on en bâtit partout de nouvelles.

En même temps, par l'effet de la concurrence des capitaux, qui a fait descendre le taux de l'intérêt et montrer les salaires, des procédés de fabrication meilleurs, des moyen de transport plus rapides, les prix baissent. Des salaires élevés et la vie à bon marché ; c'est pour la classe ouvrière la réalisation de ses rêves, c'est l'âge d'or que, depuis si longtemps, on lui promet à chaque élection.

Jusqu'à présent l'école de Say semble donc avoir raison. Que l'argent soit placé ou dépensé directement par les riches, il va toujours à la production. L'épargne a nourri autant de travailleurs que le luxe et, elle a accru leur bien-être, en faisant baisser le prix des denrées nécessaires à l'existence.

Continuons cependant notre étude, pénétrons un peu plus avant au fond des choses, et voyons ce qui va se passer maintenant. Si le système est exact, il ne saurait se contenter de cette courte période d'application, si brillante soit-elle. La société régénérée par l'économie doit pouvoir continuer sa marche et ses progrès. Il faut que les fabriques, les usines, les ateliers continuent à produire, c'est-à-dire qu'ils trouvent le placement de leurs produits, qu'ils vendent et qu'ils soient payés. C'est donc ce qui se passe. Les producteurs vendent leurs marchandises, et dans le prix qu'ils reçoivent, ils trouvent un certain bénéfice ; c'est le but qu'ils se proposent en produisant ; s'ils ne gagnaient rien, ils fermeraient leur usine. Mais ce profit n'existerait pas, qu'ils arrivent au moins, il faut nécessairement le supposer, à couvrir les frais de production. Or, dans les frais de production il faut comprendre l'intérêt du capital engagé et une certaine prime d'amortissement, car l'argent emprunté on l'a dépensé en objets qui s'usent plus ou moins vite, mais qui disparaîtront au bout d'un certain temps, et il faudra cependant le rendre .

Mais le capital a été accru, les sommes prêtées à la production se sont augmentées de tout ce que les riches ont économisé et placé. Or, si faible que soit le taux de l'intérêt, on ne prête jamais gratuitement ; et les riches, qui donnent leur argent à la production, le font non par charité ou par philantrophie mais « pour en tirer profit », comme dit M. de Laveleye, ils stipulent donc un certain intérêt et le remboursement intégral à une époque fixée. L'intérêt et l'amortissement que doit payer la production se sont donc accrus, en même temps que le capital employé par elle. La rente que la richesse déjà produite exige, comme prix de son concours à la création des richesses nouvelles est plus lourde et de beaucoup ; car chaque somme qui a été économisée et placée l'a augmentée d'une quantité correspondante. Il y a donc une rente nouvelle, qui s'est ajoutée à celle que payait déjà la production, rente qui n'existait pas sous le règne du luxe et de l'école relâchée, puisque l'argent que dépensaient les riches venait à la production définitivement, sans charge aucune d'intérêt, ni de remboursement. C'est la rançon de la régénération sociale, le tribut à payer à l'économie et aux gens économes. Ce tribut, ce sont donc les prix de ventes qui l'acquittent ; s'ils n'y suffisaient pas, les producteurs ne couvriraient pas leurs frais et tomberaient en faillite. Or, nous l'avons vu, la société régénérée doit non seulement marcher, mais progresser tous les jours.

Les prix de vente l'acquittent, c'est-à-dire que les acheteurs le paient. Mais qui est acheteur ? Tout le monde sans doute ; seulement, comme on ne produit plus que des objets utiles, comme toutes les superfluités, tout ce qui excite la vanité ou l'orgueil a disparu par enchantement, les riches n'ont pas augmenté la demande qu'ils faisaient d'objets utiles ; elle leur suffisait amplement, ils s'en contentent encore ; ils payent par là, comme ils le faisaient auparavant, la rente ancienne, celle du capital engagé dès avant la réforme dans les industries d'objets utiles. Mais la rente nouvelle, ils n'y contribuent pas d'un sou, ils la touchent, c'est la rémunération de leur épargne ; mais ils ne la paient pas de sorte qu'elle retombe tout entière sur les classes pauvres, qui reçoivent bien en effet comme l'ont dit les économistes de l'école de Say, la la même quantité de salaires, mais à la condition de rendre tout ce qu'ils reçoivent et de le rendre avec un excédant, qui est l'intérêt de l'argent placé ; sans compter les profits de l'entrepreneur. Seulement ce qui masque le phénomène, c'est qu'on donne à titre de salaires, et qu'on reprend à titre de prix de ventes.

Le fond des choses est donc bien ce que le simple bon sens nous montrait déjà, et il en est de la classe ouvrière comme d'un particulier ; elle doit rendre ce qu'elle a emprunté, sous peine d'arriver à la faillite.

Et que l'on ne vienne parler ni de l'abaissement du taux de l'intérêt, qui d'ailleurs existe toujours, ni de la hausse des salaires et du bon marché de la vie. Tout cela est insignifiant ; on ne saurait en espérer même le moindre soulagement à la misère qui écraserait les classes ouvrières, si les principes de J. B. Say, et de son école étaient jamais mis en pratique. Car un fait capital domine tout : c'est que tout ce que les travailleurs reçoivent par l'intermédiaire de cette épargne bienfaisante, dont Say a si bien célébré les mérites, ne leur est acquis que par une illusion et un trompe l'œil. Qu'ils aient emprunté directement, ou qu'ils le reçoivent à titre de salaires, c'est tout un pour eux, puisque dans les deux cas ils doivent rendre tout ce qu'ils ont reçu, rendre même plus qu'ils n'ont reçu. Il y a là un cercle vicieux qui ruine toute la théorie.

III. — Si l'on veut demander aux faits la confirmation de ces déductions théorique, l'histoire économique de tous les jours, est là pour la donner. C'est chose malheureusement fréquente que ces élans, cette fièvre de production qui s'empare d'une société à certaines époques. On multiplie sans mesure créations et améliorations, réformes et innovations, les usines s'ouvrent, les fabriques se créent, les sociétés de crédit se multiplient ; on produit sans limite des quantités énormes d'objets, que la consommation ne peut suffire à épuiser. Si bien que l'emcombrement des produits amène bientôt ce qu'on appelle en économie politique une crise.

Non pas que nous voulions prétendre que l'accumulation des capitaux, ou ce qui revient au même l'emploi brusque des capitaux latents, soit la seule ni même la principale cause des crises, auxquelles elle contribue d'ailleurs certainement (1). Ce que nous voulons montrer seulement, c'est que cette accumulation qui suivrait le régime de l'épargne universelle, préconisé par certains économistes, conduirait fatalement à la crise.

En réalité, en effet, les choses ne se passeront pas comme nous venons de le dire. La classe ouvrière ne pourra pas payer le tribut que lui impose l'épargne des riches, elle ne pourra pas acheter les marchandises qu'on lui offre avec tant de libéralité. Tous ces produits, qu'on se réjouissait si fort de voir mis en si grand nombre et à si bon marché à la disposition des travailleurs, les travailleurs ne pourront pas les acheter ; les riches ne les achèteront pas davantage, qu'en feraient-ils ? Tout cela s'entassera dans les usines, et encombrera les magasins.

Et ce stock alourdira encore le marché ; si bas que tombent les prix, la classe pauvre n'achètera jamais tout, elle n'achètera jamais assez ; il lui faudrait pour cela, nous l'avons vu, donner plus, qu'elle n'a reçu. L'encombrement augmentera toujours ; les fabriques qui vendaient

1. Cpr. M. Block. *Une crise économique. Revue des deux Mondes*, 15 mars 1879.

encore ne vendront plus, elles arrêteront leurs machines, et cesseront de produire ; elles renverront leur ouvriers, qui se trouveront sans salaires, ni ressources. Ils chercheront du travail, et feront aux ouvriers encore occupés une concurrence terrible ; le salaire baissera, sans que cependant tous puissent prétendre à cette faible rétribution ; ce sera l'apogée de la crise ; les faillites qu'amène la baisse des prix se produiront coup sur coup, ruinant le commerce, ébranlant le crédit, resserrant encore la consommation et faisant fuir les capitaux ; jusqu'à ce que, par un mouvement toujours très-lent, le stock de production étant épuisé, la confiance renaissant, la consommation s'étende de nouveau, les fabriques se rouvrent une à une, les usines remettent en mouvement leurs machines, sous l'impulsion, non plus de l'accumulation des capitaux, mais de la consommation et de la demande, qui peuvent seules faire vivre les classes ouvrières, parce qu'en retour du travail qu'elles exigent, elles ne prêtent, pas mais elles donnent.

N'est-ce pas l'histoire de toutes les sociétés pendant les crises, et ne serait-ce pas celle de la société qui, écoutant les imprudents conseils de certains économistes, chercherait dans l'épargne seule la source de la richesse et du bien-être général ?

Quelles que soient en effet l'origine et la cause réelles d'une crise, il s'y produit toujours un certain resserrement de la consommation qui diminue la demande et aggrave la misère des travailleurs. Les riches ne dépensent plus ; soit qu'ils se trouvent en effet atteints dans la source de leurs revenus, soit que la défiance générale, qui est la caractéristique de ces périodes, les pousse à restreindre leurs dépenses et à accumuler, le plus souvent par l'effet combiné de ces deux causes. Au contraire, dès que la crise touche à sa fin, le retour de la vie économique se manifeste par l'accroisssement rapide des dépenses de luxe. Une confiance sans mesure succède à une défiance exagérée ; on met autant d'ardeur à dépenser qu'on avait mis d'ardeur à économiser. On se précipite avec une passion d'autant plus violente vers les plaisirs et le luxe, qu'on s'en est tenu plus longtemps écarté. Et en même temps, par l'effet de l'accroissement de la consommation, la production commence à se ranimer. Les salaires montent à mesure que les riches dépensent, et peu à peu la misère aiguë disparaît, et les classes pauvres retrouvent la situation que leur faisait l'état social avant la crise. Tant dépenses des riches et vie des pauvres sont liées étroitement !

Un économiste de l'école historique allemande a très bien caractérisé, et en très peu de mots, l'effet de cette épargne générale : « Si tous les riches, dit Roscher, se changeaient subitement en avares, ne vivant que de pain et d'eau, ne portant que les habits les plus grossiers, toutes les marchandises, si ce n'est les moyens de circulation (1), seraient privées des débouchés nécessaires, toutes sans en excepter même les denrées nécessaires à l'existence, puisque beaucoup de consommateurs, n'ayant plus d'occupation, devraient cesser de consommer (2). »

1. Cette réserve paraît d'ailleurs assez peu justifiée.

2. *Principes d'Économie politique*, tome II. p. 213. Comparez le curieux apologue de Saint Chamans intitulé : *Histoire de M. André, Traité d'économie politique*, appendice au tome III.

IV. — L'épargne n'est donc pas la solution du problème du luxe. Elle ne peut jamais être une solution parce qu'elle n'est pas un but, mais un moyen. D'ordinaire en effet, on n'épargne pas pour épargner, mais pour dépenser plus tard. On prive le présent pour doter l'avenir. Vouloir faire de l'épargne une règle absolue et générale, c'est préparer toujours un avenir qui n'arrivera jamais, c'est un non-sens.

Remarquons aussi en passant que l'épargne se proposant nécessairement une dépense future, qu'elle prévoit et qu'elle rend possible, elle ne peut constituer non plus la solution du problème moral du luxe, et régler les dépenses des riches. On ne peut donc qu'admirer l'étrange erreur de certains économistes, qui, professant bien haut la doctrine rigoriste, et s'armant de tous les préceptes de la morale, préconisent cependant l'épargne, qui ne peut aboutir en somme qu'à préparer un luxe plus grand que celui qu'elle supprime.

La morale n'est, disons le bien, nullement intéressée au triomphe de l'épargne. En elle-même, l'épargne n'est ni un bien ni un mal: sa valeur morale lui est donnée par le motif qui la détermine, par le but qu'on se propose en épargnant, par l'emploi auquel on destine la somme qu'on veut épargner. On a dit parfois que l'épargne est une vertu, parce qu'elle est le sacrifice du présent à l'avenir. Il y a là abus des mots; car il n'y a sacrifice et acte de vertu, que lorsque l'on préfère une idée à une passion, et le devoir à la jouissance. Mais si c'est à la jouissance de demain qu'on sacrifie la jouissance d'aujourd'hui, il y a peut être prévoyance ou habileté, mais à coup sûr il n'y a ni vertu, ni même sacrifice au sens vrai du mot.

C'est encore parce que l'épargne ne constitue rien de définitif, mais n'est en quelque sorte qu'une mesure provisoire qui ne touche pas au fond même des choses, qu'elle n'a pu nous donner la solution de la question du luxe. L'épargne accumule les produits mais elle n'en change pas les propriétaires. Les biens restent dans les mains où ils se trouvent, et si le prêt qui suit l'épargne et la complète déplace les choses, il ne déplace pas leur valeur. Dès lors l'épargne peut aider à la production, en lui façonnant un instrument puissant, mais elle est incapable d'exercer sur la répartition une action quelconque, et par suite de remplacer le luxe dans son rôle d'agent de répartition. L'épargne contribue à augmenter la production; c'est son seul rôle. Mais elle ne l'affranchit pas des lois auxquelles elle est soumise. La consommation reste la règle de la production. Or l'épargne par définition restreint cette consommation. Elle doit donc nécessairement restreindre par contre-coup la production et le travail. D'où le cercle que nous avons signalé.

Ceci nous ramène incidemment à une question que nous avions abordée au chapitre III, dans la théorie des effets généraux du luxe : nous avions constaté que le luxe arrête la production en tarissant l'épargne, c'est-à-dire en employant le capital disponible à des consommations improductives. Vraie en principe et d'une façon générale, cette affirmation ne doit pas être adoptée sans réserves, lorsque l'on cherche les conséquences pratiques des doctrines, et que l'on prend pour point de départ de ses études l'état social actuel.

La production dépendant rigoureusement de la consommation, et ne pouvant s'étendre si la demande des produits ne s'accroît, il n'y a tort fait par le luxe à la production que si celle-ci peut en réalité employer les capitaux qu'on lui voudrait amasser. En d'autres termes, pour le capital, comme pour toutes les autres choses, c'est la demande qui doit en régler la production. Avant de conseiller l'épargne, il faut voir si l'état économique de la société permet l'emploi de capitaux nouveaux. Deux ordres de faits confirment cette observation. D'une part l'énorme quantité de capitaux latents en certains pays, en France notamment, n'attendant que la demande pour venir en aide à la production, et dont on n'aperçoit l'importance que quand l'Etat ou les grandes compagnies font un appel public au crédit. Le second fait à remarquer, c'est que cette abondance de capitaux latents se rencontre souvent dans les époques de crises, quand la production est languissante, sinon arrêtée tout-à-fait. A ce propos M. de Saint-Chamans a écrit quelques lignes fort justes : « M. Michel Chevalier, dit-il, ne voit d'autre remède au triste sort des populations que d'accroître le capital et de développer tous les capitaux. Comment a-t-il pu écrire ces lignes, quand il avait sous les yeux l'exemple si récent de la révolution de février. Le 20 février, les capitaux abondaient ; il n'en manquait pour aucun des emplois que réclamait la consommation. Après le 25 février, la consommation s'arrête, plus de mouvement industriel, le corps social est paralysé ; plus de demande des consommateurs, partant plus de production, plus de travail.

Voilà d'où vient tant de détresse, et non pas du manque de capital, qui n'aurait si tôt disparu, si le consommateur avait continué à en réclamer l'emploi. Que ferait-on du capital ? Produirait-on quand rien ne se vend, faute d'acheteur, d'où il résulte qu'on ne veut plus produire? Et cependant l'auteur engage à créer du capital par l'épargne, quand il faudrait créer les dépenses et la consommation (1)! »

En résumé, l'épargne ne peut donner à la production une aide efficace que si l'état de la demande permet la vente d'une plus grande quantité de produits. L'emploi des capitaux dépend en dernière analyse de ce que les consommateurs auront à offrir en échange des produits qu'ils désirent. L'épargne ne peut s'accroître que si la consommation s'accroît, elle est limitée par la répartition : son développement est lié à la question du luxe ; elle ne peut donc servir à la trancher.

1. *Traité de l'Économie publique*, I, page 334.

CHAPITRE VI

I. — Le luxe des riches ne fait pas qu'entretenir les classes pauvres; il les peut parfois enrichir. Il ne donne pas seulement le pain quotidien aux ouvriers qu'il fait travailler, mais encore une certaine aisance, un certain bien-être relatifs. Tandis que les besoins naturels sont bornés, le luxe est de son essence insatiable. Jamais il ne s'arrête pour se reposer dans la jouissance satisfaite de ce qu'il possède; jamais il ne dit : c'est assez. Les besoins qu'il engendre se succèdent à l'infini, et dix besoins nouveaux viennent remplacer celui que vous avez satisfait. La demande qu'il fera du travail ne sera donc limitée que par les ressources dont il dispose. Où le luxe règne véritablement, les riches dépenseront tout leur revenu, qui passera tout entier aux mains des classes pauvres.

Ils dépenseront parfois même davantage, et il ne sera pas rare que des individus ou des classes consomment en dépenses de luxe leur capital, qui ira enrichir les classes inférieures. Si ce fait est assez général, il pourra même amener l'avènement politique et social de classes nouvelles.

Qu'on interroge l'histoire, et l'on verra le luxe apparaître comme une cause fréquente du déplacement de la richesse et de la puissance. Les périodes de grand luxe, ou de grandes dépenses sont presque toujours suivies de l'appauvrissement, et par suite de l'abaissement des classes jusque-là dominantes, car richesse et puissance politique ne vont pas longtemps l'une sans l'autre. Du sein des classes ouvrières sort alors une nouvelle aristocratie, celle de l'argent, qui, enrichie par les dépenses des grands, se mêle à l'aristocratie ancienne, et d'abord son alliée, puis sa rivale, la supplante et la supprime. Sans nier l'influence prépondérante des causes politiques, morales ou religieuses, on peut attribuer légitimement une certaine part dans les faits sociaux au déplacement de la richesse. Les causes économiques ne jouent sans doute dans les phénomènes de la vie des nations qu'un rôle secondaire, mais leur action, pour être bornée, n'en est pas moins certaine.

C'est ainsi que M. Batbie rapporte très justement (1) aux dépenses que les seigneurs firent aux xi⁰ et xii⁰ siècle pour les croisades la naissance de la bourgeoisie en France. A cette formation de la classe moyenne, qui est un des faits les plus saillants de cette époque, d'autres causes ont puissamment aidé; en première ligne le développement du pouvoir royal qui, cherchant un soutien à sa fortune naissante, éleva les classes bourgeoises pour s'apuyer sur elle ; puis le grand mouvement commercial qui suivit les croisades et qui concourut, bien plus encore que les dépenses de la noblesse, à l'enrichis-

1. Conférence à la Sorbonne. *Revue des cours littéraires.* Années 1865-66, page 465.

sement des marchands. Mais ces dépenses ont exercé, à l'origine surtout, une influence incontestable, et, quelles que furent les causes qui contribuèrent ensuite à l'élévation des classes moyennes, c'est de là qu'est partie leur fortune.

En même temps qu'elle se pose en puissance politique par le grand mouvement de la rénovation des communes, la classe bourgeoise affirme sa richesse et sa puissance nouvelles en face de l'appauvrissement et du déclin d'une partie de la noblesse. L'établissement de Philippe le Hardi, qui vers la fin du xiiie siècle interdit aux roturiers l'achat des terres nobles, montre l'étendue et l'importance de ce mouvement. La royauté, qui s'appuiera plus tard si volontiers sur la bourgeoisie, s'inquiète même de ce pouvoir nouveau qui se dresse dans l'état, de ces hommes inconnus qui surgissent de l'ombre noirâtre des foules. On voit en même temps la bourgeoisie déjà riche et s'emparant de la grande force du temps, de la propriété foncière, source de toute puissance aussi bien que de toute richesse. Elle en détient déjà une partie, et un légiste contemporain Philippe de Beaumanoir suppose, non seulement comme chose possible, mais presque comme chose normale cette possession de biens nobles par des roturiers. Enfin, quelques années plus tard viennent les fameux édits somptuaires de Philippe-le-Bel. C'est que la classe bourgeoise ne se contente plus de la fortune et de la puissance, elle y veut ajouter les signes extérieurs qui les révèlent à la foule, et s'égaler par son luxe aux gentilshommes eux-mêmes. Le roi s'en indigne et essaye de remettre chacun en son rang ; mais il est déjà trop tard, la classe bourgeoise est constituée comme corps social, et sa puissance politique, qui commence en 1302 aux Etats-Généraux réunis dans l'église Notre-Dame de Paris, où elle apparaît officiellement pour la première fois, ne cessera désormais de grandir jusqu'à la révolution de 1789 qui la portera à son apogée.

II. — Mais ce n'est qu'à quelques élus de la classe ouvrière que le luxe des riches ouvre ces vastes horizons et promet ainsi la richesse et la puissance ; à cette fortune la masse ne peut prétendre. Pour elle ce qui importe ce sont les conditions journalières de la vie, c'est le taux de la rémunération quotidienne. A ce point de vue, il faut remarquer que le luxe offre à tous les ouvriers qu'il emploie un salaire en moyenne plus élevé que le salaire des autres industries. Le travail de luxe est mieux payé, car c'est une règle presque générale que plus la profession exige d'intelligence et mieux elle est rémunérée. Il l'est encore parce que la dépense est faite par des gens qui peuvent payer largement, et qui, s'attachant avant tout à certaines qualités de fini et d'achèvement, ne regardent pas au prix. Le coût de production, point capital dans les autres industries, n'a que peu d'effet sur la demande des objets de luxe. Une différence même assez considérable de prix, ne suffit souvent pas à déplacer la clientèle et à modifier les habitudes des acheteurs. La loi de l'offre et de la demande agit donc sur les objets de luxe avec moins de brutalité que sur les autres produits et le salaire s'y mesure moins rigoureusement au service rendu et à l'état du marché. C'est ce que montre l'étude la plus superficielle des salaires des ouvriers du luxe.

Il y a sans doute à tenir compte dans l'appréciation des résultats qu'on constate, de l'habileté personnelle et de l'intelligence de l'ouvrier ; les ouvriers de la plupart des industries du luxe forment l'élite de la classe ouvrière. Mais il y a aussi un supplément de rétribution qui n'est dû qu'au genre de travail ; et puis c'est précisément un des caractères des industries du luxe de pouvoir payer l'intelligence et l'habileté. Dans les travaux **grossiers**, les salaires sont presque tous égaux, parce que c'est l'effort physique presque seul qui est rémunéré ; l'important c'est que l'ouvrage soit fait, la façon dont il le sera est peu de chose. Pour les ouvriers du luxe, au contraire, les différences sont beaucoup plus considérables, selon les industries et même selon les ouvriers, parce que la part des qualités personnelles est plus importante.

M. d'Haussonville, étudiant les salaires des ouvriers parisiens, les divise en 3 catégories (1). Dans la première classe il place les professions où, l'effort physique étant peu de chose, l'habileté manuelle et l'intelligence ont la plus grande part ; c'est l'aristocratie des ouvriers : bijoutiers, orfèvres, imprimeurs, graveurs, etc., la plupart sont employés par le luxe. Le salaire habituel va de 7 à 10, fr par jour, le salaire élevé de 10 à 15 fr, le salaire exceptionnel, qui n'est payé qu'à une habileté professionnelle toute spéciale de 15 à 30 fr. Dans la deuxième catégorie la part de l'intelligence diminue et celle de l'effort physique augmente ; elle comprend encore certains ouvriers du

1. *La vie et les salaires à Paris. Revue des deux Mondes*, 15 avril 1883.

luxe, mais peu, la plupart ayant pris place dans la première classe. Le salaire oscille entre 5 et 12 fr. La moyenne a diminué; l'écart entre les extrêmes est moindre aussi. Enfin dans la troisième classe, c'est presque l'effort physique seul qui est rémunéré. Le travail tout matériel n'exige ni aptitude spéciale, ni apprentissage préalable ; c'est la grande classe des parias de l'industrie, des hommes de peine, selon la vive expression de la langue populaire ; le salaire est beaucoup plus bas, et ses variations bien moins fortes. Du maximum de 4 fr. il descend souvent à 3 fr. 50 ou 3 fr. 25, quelquefois même, mais dans des cas heureusement rares, l'homme de peine ne reçoit que 3 fr. ou même 2 fr. 75, ce qui est tout à fait insuffisant (1).

La situation des ouvriers du luxe présente donc à ce point de vue une supériorité très marquée. Si l'on faisait une étude complète de leur condition (ce que nous n'avons pas l'intention de faire, car, partis des doctrines très générales, et un peu abstraites de l'école économiste classique, nous nous maintenons forcément sur le même terrain), il y aurait bien d'autres points à signaler et bien des différences à relever. La nature du travail par exemple ; celui qu'exige la confection des objets de luxe sera moins dur et matériellement plus facile. Pas de ces efforts violents et répétés, de cette tension continuelle qu'imposent trop souvent le travail de l'usine, pas de cette lourde fatigue qui suit un travail trop pénible, et dont l'ouvrier va trop souvent demander l'oubli aux sensations excitantes de l'alcoolisme. Il y aurait aussi à comparer aux terribles

1. Pour les femmes on pourrait faire les mêmes observations, mais tous les chiffres sont bien plus bas.

effets de la concurrence dans la production des choses
utiles, les effets, terribles aussi parfois, des variations de
modes dans les industries du luxe. Il faudrait enfin se
préoccuper de l'influence morale que le luxe exerce sur
ces ouvriers, dont la vie se consume à préparer des jouissances qu'ils ne connaîtront jamais ; et, en prenant les
choses par ce côté, il y aurait des remarques très importantes à faire sur l'action pernicieuse du spectacle du luxe,
besoins de dépenses, surexcitation de la vanité, de l'envie, (1) etc.

Tout cela n'est pas de notre ressort. Nous voulons seulement relever ce fait, que le luxe paie plus largement
le travail qu'il demande, et qu'il est ainsi pour les classes
ouvrières une source d'aisance et de bien-être. On a souvent confondu le luxe avec l'augmentation générale des
consommations (2). Nous avons critiqué cette assimilation
quand nous recherchions la définition du luxe. Mais si
elle n'est pas parfaitement exacte quant au sens précis
des mots, cette façon de présenter les choses contient une
certaine part de vérité. On n'a pas tort d'associer l'idée
de l'augmentation du bien-être des classes ouvrières à
celle du luxe. S'il n'y a pas identité, il y a bien étroit.
C'est le luxe des riches qui, en offrant à la classe ouvrière un travail abondant et bien payé, permet cette

1. Cpr. le très curieux chapitre intitulé *perle vraie et perles
fausses* dans le roman de A. Daudet : *Fromont jeune et Rissler
aîné.*

2. M. Baudrillart. *Economie politique populaire.* Voir aussi M.
Leroy Beaulieu dans quelques passages de son *Essai sur la répartition.*

augmentation générale des consommations. Si cette diffusion du bien être, si désirable à tous égards, n'est pas
le luxe, qui n'est que la dépense des riches, elle est un
des effets du luxe.

III. — Tout confirme donc la façon dont nous étions
arrivés à concevoir le rôle du luxe dans la répartition. Le
luxe est nécessaire dans les sociétés fondées comme
les sociétés modernes, sur l'appropriation individuelle.
duelle. Il corrige les conséquences fâcheuses de l'inégalité
des fortunes en faisant passer la richesse de ceux qui en
ont trop à ceux qui en manquent. Sans lui les riches sont
sans besoins, et les pauvres sans travail : c'est le luxe qui
en faisant dépenser les riches donne aux pauvres le moyen
de subsister. Par cette action sur la répartition il assure la
vie des sociétés. Cette question de répartition est en effet
une question capitale pour les états. Il faut que les pauvres
vivent, il faut que ceux qui n'ont rien trouvent cependant
le moyen de subsister. Aussi lorsqu'on veut suivre dans la
réalité des faits l'application des idées théoriques, ce côté
des choses prend-il une importance toute particulière.
Qu'importe en effet la richesse et la prospérité d'un état
(si un état peut être riche et prospère quand beaucoup de
ses membres manquent du nécessaire) ; qu'importe cet
éclat factice, si brillant qu'il paraisse, lorsque la répartition de ce qu'on produit ne se fait pas ou se fait
mal, lorsque tout ce qu'on fabrique reste concentré aux
mains de quelques particuliers, richesse pour eux sans
doute mais encombrement stérile pour l'état qui ne voit
de richesse que là où il peut y avoir utilité véritable et
satisfaction réelle des besoins. Stuart Mill remarque très

bien cette importance de la répartition « c'est une grande erreur, dit-il, de regretter la proportion considérable du produit annuel employé à la consommation improductive. Ce qu'il faut regretter, c'est la monstrueuse inégalité avec laquelle se fait la répartition de ce fonds (1). » On peut donc en résumé, dire que dans nos sociétés le luxe est surtout agent de répartition et que le problème économique du luxe est surtout un problème de répartition.

Mais si cet effet du luxe est capital, les effets que nous lui avons déjà reconnus (2), et qu'il produit en tant que consommation, n'en subsistent pas moins. Le rôle du luxe dans la répartition, tout en contredisant parfois les conséquences qu'on a voulu en déduire, ne touche pas aux principes eux-mêmes. Les dépenses de luxe restent dépenses stériles, et les consommations de luxe consommations improductives, et elles nuisent à la société en diminuant la masse de ce que l'on pourrait produire. Si le luxe rend à nos sociétés un service indispensable, il ne le fait qu'aux prix d'effets mauvais. Employer à des jouissances de superflu ou de vanité, une somme considérable du travail humain peut être nécessaire pour corriger les effets de la distribution actuelle des biens, mais ce ne sera jamais un acte rationnel et bon en soi.

Ces effets généraux restent donc. Il reste vrai de dire que le luxe nuit à la production ; seulement il faut mettre en regard l'effet utile sur la répartition, et

<hr>

1. *Principes d'Economie politique*, tome I, p. 60.
2. Voyez chapitre III. *Effets généraux du luxe*.

règler l'application d'après ces deux effets. Ce qu'il faut retenir en résumé, c'est que l'application directe de la théorie des effets généraux du luxe, rencontre dans l'appropriation individuelle un obstacle dont il se faut préoccuper. C'est en un mot qu'il ne suffit pas de supprimer le luxe pour augmenter la production et enrichir les états, il faut le remplacer par un agent de répartition dont les effets égalent les siens.

Le point faible de toutes les théories qui partent des effets de consommation du luxe, c'est qu'elles supposent une sorte de communauté universelle des biens, qui n'est et ne sera peut-être jamais qu'un beau rêve. Sur la masse des richesses produites, elles accordent à chacun des droits égaux, tandis que dans la réalité, force physique ou morale, intelligence, fortune, puissance, tout est inégalement réparti. C'est pourquoi parties d'abstractions elles aboutissent à des abstractions ; ne se préoccupant pas des faits pour établir les principes, elles se heurtent aux faits dès qu'elles essayent de les appliquer.

IV. — On voit bien maintenant les termes dans lesquels se pose le problème social du luxe. Le luxe est mauvais, il consume en dépenses aussi stériles que superflues une part considérable du travail humain. Mais le luxe a un rôle utile, indispensable, et dont il faut tenir compte, si l'on veut parler de le supprimer ou même de le modérer. On ne pourra prêcher la suppression du luxe, sans apporter un remède tout prêt aux maux qu'entraînerait sa disparition. La faute capitale de certains économistes a été de ne voir qu'un côté de la question, et de négliger la répartition, s'imaginant que l'épargne seulé suffirait à remplacer le luxe. « Tant que la nature de la généralité des hommes n'aura pas été transformée par la philosophie ou la religion, disait récemment M. Leroy Beaulieu à l'Académie des sciences morales et politiques, ce serait au point de vue économique une erreur fondamentale de vouloir supprimer le luxe (1). »

Il y a parmi les économistes une école qui a bien pénétré la complexité du problème, et qui en a bien posé les termes. Les socialistes suppriment la propriété individuelle, et font disparaître l'inégalité des conditions. L'état, qui est dans le système l'unique source de toute action, l'unique principe de toute activité, est aussi l'unique agent de répartition. Les effets généraux du luxe se produisent complétement dans le système socialiste ; aucun phénomène contraire ne vient entraver ni gêner leur marche. Le fond du socialisme est en effet cette égalité des fortunes et des conditions, et cette communauté des biens que la théorie des effets généraux du luxe suppose. Ce qui montre, soit dit en passant, le lien étroit qui unit aux doctrines socialistes les doctrines de l'école des économistes classiques. Les unes et les autres partent d'une même conception, elles considèrent « l'humanité comme un seul homme, obligé de satisfaire à ses besoins par son labeur (2). » Et c'est sur cette donnée abstraite qu'elles bâtissent tout leur système.

Mais nous n'avons pas à discuter ici la théorie socia-

1. Séance du 6 août 1887.
2. Laveleye. *Le luxe*, p. 30.

liste. Ce que seraient ses conséquences, si elle venait jamais à être appliquée, nul ne peut le savoir. On peut seulement se demander si la force seule de l'état suffirait à remplacer toutes les forces particulières que l'on brise, et si même la force de l'état est quelque chose d'assez distinct de celles de ses membres pour que la puissance de l'un puisse sortir de la ruine des autres. On peut se demander ce que seraient les sociétés d'où la propriété individuelle et par une suite nécessaire, l'intérêt privé auraient disparu ; tout ne sombrerait-il-pas dans la réforme ?

Seulement si l'on répugne à se lancer à l'aveugle dans les périls d'une aussi redoutable aventure, le problème reste et dans les mêmes termes. Le luxe demeure un agent de répartition indispensable. Et cependant le luxe a des effets économiques mauvais, il a surtout ses abus, ses dangers, ses excès ; il faut pouvoir au moins le limiter et le borner (car au fond ce n'est que de la modération du luxe qu'il peut s'agir en pratique).

Le luxe a tout d'abord des effets sociaux funestes ; il divise en deux castes profondément distinctes les fils d'un même pays, d'un même sang, d'une même langue ; il en fait comme deux peuples séparés et parfois hostiles. Ajoutons que le luxe des riches entraîne souvent, par la contagion des dépenses, la prodigalité des classes pauvres. Le spectacle de ses raffinements de jouissance ou de plaisir surexcite les désirs de ceux qui n'y pourraient prétendre. Les moins riches veulent imiter le faste, dont les classes supérieures donnent l'exemple. D'où une émulation de dépenses, de prodigalité et de ruine, qui peut atteindre gravement les sources de la richesse sociale (1). Alors comme par une sorte de revanche des lois générales, qui en face d'un luxe général reprennent leur empire et leur action, la richesse sociale peut périr par l'excès des dépenses dans une sorte de banqueroute universelle.

Enfin, il y a la morale qui commande de la façon la plus impérieuse de limiter le luxe. Nous n'avons rien à dire là-dessus. Effets démoralisateurs et énervants chez l'individu, ferments de haine et de discorde dans les sociétés, tout a été décrit depuis longtemps ; les pires vices, on l'a souvent remarqué, peuvent sortir de l'excès du luxe. Pour satisfaire à un luxe excessif tous les moyens sont bons, et l'on peut de chute en chute en arriver aux déprédations des Verrès et des Borgia.

Le problème se ramène donc à trouver un agent de répartition qui puisse remplacer le luxe, au moins en partie, en exerçant une action égale à la sienne et permettre par là de la modérer. Au problème ainsi posé l'Église catholique, a répondu depuis longtemps par sa double théorie du renoncement et de la charité.

Le renoncement supprime ou modère le luxe, et rend disponibles les sommes qu'il dévorait ; la charité les dispense à ceux qui n'ont pas assez.

Voyons si la solution répond au problème économique, dans les termes où il se présente. C'est par là que nous terminerons ce travail.

1 Cp. Ch. Périn *De la richesse dans les sociétés chrétiennes,* Tome III, p. 468 et suiv.

———

CHAPITRE VII

I. — Avant d'entrer dans l'exposé et dans l'examen de la théorie catholique de la charité et du renoncement, il ne sera peut-être pas inutile d'indiquer en peu de mots pourquoi nous demandons à la religion la solution du problème social du luxe. Il faut remarquer d'abord que l'économie politique est absolument impuissante à la donner, son point de vue est trop borné : science de la richesse et de ses lois, elle ne donne des lumières et des solutions que sur ce qui se rapporte uniquement à la richesse et à ses lois. Lui demander autre chose, ce serait commettre une erreur semblable à celle des économistes, qui, trompés par la théorie des consommations improductives ont prêché l'épargne à outrance comme solution définitive de la question du luxe.

C'est que « les richesses, suivant la remarque de Saint « Thomas d'Aquin, ne sont recherchées qu'en tant qu'elle « sont le soutien de la nature humaine. Elles ne peuvent « pas être la fin dernière de l'homme : au contraire elles se rapportent a lui comme à leur fin (1). »

1. *Somme théologique.* 1ª 2ᵃᵉ, quest. II, art. 1.

La science des richesses est donc par son objet même une science essentiellement relative. Elle se rapporte à quelque chose de secondaire et de contingent, à quelque chose qui n'existe pas pour lui-même mais pour un autre. Par suite sur aucun point elle ne donne de réponses absolues et définitives. Ce qu'elle enseigne participe de sa relativité et jamais le dernier mot ne saurait lui appartenir. Si la richesse n'existe qu'en vue des besoins qu'elle peut et doit satisfaire, son existence et ses lois sont subordonnées à l'homme et à ses besoins ; c'est dans l'étude de la nature de l'homme que l'on doit trouver les principes de toute l'économie politique. Or, quelle science peut entrer plus avant que la religion dans la nature et le cœur de l'homme, quelle est celle qui peut mieux expliquer ses désirs, ses passions, ses besoins même. Il est donc naturel de lui demander la solution dernière des problèmes économiques.

Ajoutons qu'il y a dans le problème du luxe, tel qu'il se présente dans nos sociétés modernes, une contradiction et un conflit que la science seule ne peut résoudre : Contradiction entre les lois générales de la production qui montrent dans le luxe une cause de misère et d'abaissement et les lois de la répartition qui en font un élément essentiel de la vie sociale ; conflit entre les intérêts privés de la classe riche qui détient la richesse et de la classe pauvre qui la désire. En face de ces antinomies la science reste impuissante, elle les étudie, les analyse, en montre parfois les causes ; mais elle ne peut y porter le remède nécessaire parce que ce remède doit sortir, comme le dit M. Leroy Beaulieu, d'une transformation véritable des individus (1). Il faut transformer les riches et les pauvres pour amener l'accord de leurs intérêts privés et de l'intérêt social. Au conflit des intérêts, il faut substituer l'harmonie des volontés concordantes; au combat, la paix; à l'échange des valeurs, le don et l'amour réciproques.

Cette transformation aucune science ne pourra jamais l'accomplir; les abstractions ne remuent pas assez les hommes pour cela. Pour ébranler l'intérêt propre si vigoureusement implanté au fond du cœur humain il faut y pouvoir pénétrer et savoir y toucher les fibres secrètes. Seule la religion le peut faire.

II. — Pour nous la solution définitive de la question du luxe c'est la charité.

Or, c'est le christianisme qui a le premier introduit l'idée de charité dans le monde :

> « *Neque ille*
> « *Aut doluit miserans inopem, aut invidit habenti* »

disait le poète ancien, et si nous écoutons les sages du monde romain, les disciples de Zénon : « Ne te lamente pas avec ceux qui pleurent » est un des préceptes de Marc-Aurèle. La charité n'existait pas dans le monde ancien : la chose et le nom y étaient également inconnus, bien que dans les vingt volumes d'ouvrages de Cicéron l'on ait pu trouver une fois le mot qui allait devenir si banal : *caritas humani generis*. C'est le Christ qui a apporté la charité sur la terre. Aujourd'hui encore ce sont les chrétiens qui la répandent et la soutiennent, et

1. V. Chapitre VI.

ce sont surtout eux qui la pratiquent. Après avoir longuement étudié les merveilles de la charité parisienne, après
avoir passé en revue la charité laïque et la charité religieuse, les œuvres protestantes, juives et catholiques,
M. Maxime du Camp conclut ainsi : « Cependant au mi-
« lieu des dévouements que j'ai eu la bonne fortune d'é-
« tudier, il en est qui plus que d'autres ont ému le
« profond de mon être. Lorsque ma pensée se reporte
« vers les créatures d'abnégation que j'ai vues à l'œuvre
« de la vertu divine et en qui semble vibrer l'âme du bon
« Samaritain, c'est vous Petites-Sœurs des pauvres et
« c'est vous Dames du Calvaire qu'évoque mon souve-
« nir attendri (1). »

Parmi ceux qui portent haut la bannière de la charité,
l'Église catholique est donc au premier rang, et nous pouvons sans crainte nous adresser à elle pour lui en demander la théorie ; c'est ce que nous voulions retenir de cette
citation. Bien loin de nous d'ailleurs la pensée de contes-
ter les efforts des autres religions ou des autres doctrines
et de nier la puissance de la charité protestante, juive ou
laïque. Dans toutes les sectes et dans tous les partis, il y a
des dévouements admirables ; partout on rencontre l'effort
de la charité pour soulager la misère et la souffrance. Et
si la charité peut jamais donner la solution des problèmes
économiques ou sociaux, ce ne sera, dans l'état actuel
des sociétés modernes au moins, que par l'accord de toutes les volontés et de toutes les forces vers un but commun de concorde et de relèvement.

1. L'assistance par le travail. *Revue des Deux-Mondes*, 15 jan-
vier 1888.

En dehors de nos préférences personnelles du reste d'autres considérations devaient encore, ce semble, nous tourner vers l'Église catholique : ce sont les caractères tout particuliers de la théorie catholique de la charité. La religion catholique fait en effet de la charité non seulement une vertu et une vertu essentielle, mais un des fondements de l'ordre social. Aimer les autres et leur faire du bien est un précepte général obligatoire pour tous, riches ou pauvres et c'est pour cela que l'Église le présente comme le remède le plus efficace aux maux sociaux, non qu'elle prétende les guérir ; elle sait que le Christ a dit à ses disciples : « Vous aurez toujours des « pauvres parmi vous » ; mais elle espère les soulager et elle les soulage en effet.

Enfin, et c'est à notre point de vue une considération importante, l'Église catholique donne à la charité par la théorie du renoncement dont elle l'accompagne un caractère et une puissance toutes particulières. Il y a quelque chose d'absolument spécial au catholicisme et qui suffirait à justifier le choix que nous faisons, s'il en était besoin.

Remarquons bien d'ailleurs que nous ne prétendons nullement nous poser ici en réformateurs, et introduire dans le monde un principe nouveau qui le transforme et le régénère. La charité est dans le monde qui ne vit que par elle : comme le grain de sénevé de la parabole, la parole du Christ : « aimez-vous les uns les autres » a germé et poussé ses racines au plus profond des sociétés. Tout n'y est pas harmonie, mais tout n'y est pas lutte et discorde parce que l'amour y a répandu sa loi.

Si nous proposons la charité comme une solution, c'est parce qu'on l'a vu, le jeu des principes économiques, si ces principes agissaient seuls, amènerait une lutte fatale et un conflit sans issue entre les lois de la prospérité et les lois de l'existence des sociétés. Le luxe ruinerait les sociétés qui ne pourraient cependant vivre sans lui, qui ne subsisteraient même que par lui. C'est là la contradiction qu'il faut résoudre. Nous disons simplement que la charité la résout parce qu'elle permet l'existence des sociétés sans le luxe.

Nous allons d'abord exposer en peu de mots comment la théorie catholique du renoncement modère le luxe, puis nous examinerons les effets économiques de la charité.

III. — L'Eglise catholique a toujours condamné le luxe. Elle l'a condamné d'abord en lui-même et parce qu'elle y a vu la manifestation la plus directe en même temps qu'une des causes les plus profondes de cet attachement aux biens de la terre qui est le grand empêchement à la perfection chrétienne. Elle l'a condamné en second lieu parce qu'il enlevait aux pauvres les biens que Dieu n'avait donnés aux riches que pour leur dispenser. Depuis les Pères de l'Eglise et leur satire si connue de ces excès de luxe et de corruption où s'abîmaient les sociétés antiques (1) jusqu'à nos jours, le langage des prédicateurs n'a jamais varié. Le luxe est un mal : la recherche du luxe est indigne d'un parfait chrétien.

---

1. Comp. Baudrillart, *Histoire du Luxe*, t. II, p. 401 et suiv. La satire chrétienne du luxe aux premiers siècles.

Tous ces points sont d'une banalité telle que nous ne faisons que les indiquer. Nous citerons seulement, pour préciser, quelqus passages du grand orateur chrétien du xviie siècle, de Bossuet.

« Mais ô désordre de nos mœurs ! ô simplicité mal ob-
« servée, dit-il. Qui de nous fait à Dieu cette prière dans
« l'esprit du christianisme : Seigneur donnez-moi du pain,
« accordez-moi le nécessaire? Les lèvres le demandent,
« mais cependant le cœur le dédaigne. Le nécessaire,
« quelle pauvreté ! sommes-nous réduits à cette misère ?
« Eh bien ! mes frères, je donne les mains, ne vous con-
« tentez pas du nécessaire, joignez-y la commodité et
« encore la bienséance. Mais quelle honte que vous vous
« teniez malheureux de vous contenir dans ces bornes,
« que l'excès vous soit devenu nécessaire ; que vous esti-
« miez pauvre tout ce qui n'est pas somptueux et que
« vous osiez après cela demander du pain et que vous le
« demandiez à Dieu même qui sait combien vous méprisez
« ce présent, que les millions ne suffisent pas pour con-
« tenter votre luxe ! Et vous ne rougissez pas d'une si
« honteuse prévarication à la sainte profession que vous
« avez faite ! On en rougit si peu qu'on fait parade du
« luxe jusque dans l'église, qu'on le mène en triomphe
« aux yeux de Dieu même !..... Donc, mes frères, consi-
« dérant attentivement aujourd'hui à quels déborde-
« ments nous emportent la curiosité et le luxe, résolvons
« avant que de sortir d'ici de retrancher désormais de
« notre vie ces superfluités prodigieuses (1)...... »

1. Premier sermon pour le quatrième dimanche de carême, sur nos dispositions à l'égard des nécessités de cette vie.

Quels traits plus forts les plus rigoristes des économistes ont-ils trouvés, quelle condamnation plus sévère ont-ils portée? Seulement le prêtre parle ici du haut de la chaire chrétienne avec une autorité et des accents que le langage de là sagesse humaine ne peut imiter? Et puis écoutez la conclusion. Il ne s'agit plus de bien-être, de prospérité ou de richesse. On ne vante ni les charmes d'une vie modeste ni l'*aurea mediocritas* du poète épicurien. Le prédicateur va droit au vif de la question : et il la tranche d'une main sûre. Ce sont les pauvres dont il s'occupe, c'est la charité qui doit chasser le luxe et l'aumône remplacer les dépenses.

« L'âme, continue Bossuet, n'a de capacité pour contenir
« qu'autant que Dieu lui en donne: Dieu lui en donne
« jusqu'à une certaine mesure. Ce qui est au-delà s'écoule
« par-dessus et se perd comme dans un vaisseau trop
« plein, mettez-le dans les mains des pauvres, parce que
« c'est un lieu où tout se conserve. « La main des
« pauvres, dit saint Pierre Chrysologue, c'est le coffre de
« Dieu, » c'est où il reçoit son trésor, ce que vous y mettez
« Dieu le tient éternellement sous sa garde et il ne se dis-
« sipe jamais. »

La charité est la grande loi de l'Eglise catholique : et la parole du Christ « Si vous voulez être parfait vendez « tout ce que vous possédez, donnez-en le prix aux pauvres, « et suivez-moi (1) » reste toujours la règle de la perfection chrétienne.

1. Saint Matthieu. XIX 21.

Mais à côté de ces conseils de perfection il y a la loi impérative qui oblige tous les chrétiens : Ce caractère de devoir strict de la charité est bien marqué dans ces paroles du même prédicateur ; « Le mauvais riche, dit Bos-
« suet, nous fait bien connaître qu'outre cette ardeur fu-
« rieuse qui étend la main aux violences, elle (la cruauté) a
« encore cette dureté qui ferme les oreille aux plaintes,
« les entrailles à la compassion, les mains aux secours.
« C'est, Messieurs, cette dureté qui fait des voleurs sans
« sans dérober et des meurtriers sans verser de sang. Tous
« les saints pères disent d'un commun accord que le
« riche inhumain de notre Évangile a dépouillé le pauvre
« Lazare, parce qu'il ne l'a pas revêtu, qu'il l'a égorgé
« cruellement parce pas qu'il ne l'a nourri ; *Quia non pa-*
« *visti occidisti.* Et cette dureté meurtrière est née de son
« abondance et de ses délices (1) .»

Et ailleurs: « L'obligation d'assister les pauvres est
« marquée si précisément dans notre Évangile, qu'il n'en
« faut point après cela rechercher des preuves : et tout
« le monde entend assez que le refus de faire l'aumône
« est un crime capital puisqu'il est puni du dernier sup-
« plice. « Allez maudits au feu éternel parce j'ai eu
« faim dans les pauvres et vous ne m'avez point donné
« à manger, j'ai eu soif et vous m'avez refusé à boire » et
« le reste que vous savez. C'est donc une chose claire et qui

---

1. Sermon pour le jeudi de la 2e semaine de carême : prêché devant le Roi, sur l'impénitence finale.

« n'a pas de difficulté que le refus de l'aumône est une cause
« de damnation (1). »

La charité est donc un devoir strict, que chacun accom-
plira suivant sa condition et ses ressources, mais qui est
imposé à tous. Le renoncement de même du moins aux
abus et aux excès du luxe. Voyons les conséquences économiques de ces préceptes.

1. Sermon pour le lundi, de la 1ᵉʳᵉ semaine de carême, sur l'aumône.

CHAPITRE VIII

LA CHARITÉ

I. — Le catholicisme modère le luxe. Il tend même à le supprimer, et il ne sacrifie pas pour cela la propriété, base de notre organisation sociale moderne ; il ne lance pas les sociétés dans des aventures dont nul ne peut mesurer les périls ni prévoir l'issue. Sa doctrine satisfait à la morale la plus sévère.

Il reste à examiner si la charité qu'il met à la place du luxe peut en effet le remplacer dans son rôle si important d'agent de répartition.

Nous n'hésitons pas à affirmer que la charité est un agent de répartition au moins aussi général et aussi puissant que le luxe. Tout d'abord la charité fait passer les biens des riches aux pauvres. Cela est évident. L'aumône, qui est loin d'être toute la charité, mais qui en est cependant une partie essentielle, fait participer ceux qui n'ont pas, à la fortune de ceux qui ont. Elle est donc, par ce premier effet, éminemment propre à remplacer le luxe et à corriger les conséquences de l'appropriation individuelle et de l'inégalité des fortunes.

Mais si ce premier côté des choses saute aux yeux, il en est un second non moins important et qu'on a souvent affecté de ne pas voir. La charité en effet ne fait pas vivre que ceux qui reçoivent d'elle directement, que les pauvres au sens étroit du mot. En même temps qu'elle donne sans rien exiger en retour à ceux qui ne peuvent pas travailler, elle donne à ceux qui peuvent et veulent travailler en leur offrant des débouchés, en achetant indirectement le produit de leur travail. En effet l'argent qui va aux malheureux, l'argent qu'on leur donne, ils ne l'entassent pas d'ordinaire ; ils s'en servent pour satisfaire leurs besoins, ce qu'ils font en achetant les produits qui leur sont nécessaires. Par là ils font du travail des producteurs, des ouvriers, une demande justement égale à la somme qu'ils ont reçue ; par là la part de richesses qui a été consacrée à l'aumône fait vivre non-seulement ceux qui ne peuvent travailler et à qui elle a été donnée directement mais encore ceux qui travaillent et à qui elle vient indirectement par la demande de produits que font les pauvres qu'on a secourus. Toute somme dépensée en aumônes va non-seulement aux pauvres à qui on la donne, mais par contre-coup aux ouvriers qui fabriquent ce que les pauvres achètent. L'aumône constitue comme le luxe une demande véritable de travail, elle produit exactement le même effet que l'achat direct des marchandises.

Souvent même en fait l'intermédiaire est supprimé et l'effet se produit directement. Cela a lieu quand l'aumône est faite en nature. Au lieu de donner de l'argent, qui est souvent mal employé, beaucoup de sociétés de bienfaisance distribuent des objets de première nécessité, pain, viande, vêtements, linge, chaussures ou charbon (1).

1. Cpr. : Maxime du Camp, *L'assistance par le travail, Revue des deux Mondes*, 15 janv. 1888.

Tous ces objets, elles les achètent d'abord et elles les
paient; et les sommes qu'elles consacrent à ces achats
vont directement aux producteurs de tous ces objets. Il y
a pour la production encouragement égal à la somme
donnée en aumônes. Dans ce cas l'effet est évident.
Mais, en réalité, il n'est pas plus contestable dans
le premier cas. Qu'on fasse l'aumône en nature ou
qu'on se contente de donner de l'argent; il y a toujours
achat de produits, soit directement par la société de
bienfaisance, soit indirectement par le malheureux se
couru.

Ainsi, et c'est un point capital, la charité ne se borne
pas à secourir les misérables; elle fait travailler les ouvriers, elle est un emploi du revenu qui encourage la
production aussi directement et aussi efficacement que
l'épargne, tant vantée par certains économistes. Par là
elle agit comme le luxe sur la répartition et elle est éminemment propre à le remplacer. La nécessité du luxe provient, nous l'avons vu, de ce que les riches ne dépensent
en achats d'objets utiles qu'une partie de leur revenu.
C'est parce que les besoins de nécessité des riches sont
trop bornés qu'il est nécessaire que le luxe crée des
besoins de superflu, et augmente la demande qu'ils font
du travail. Mais la charité rend le luxe inutile, et les besoins de superflu sans objet puisqu'elle étend les besoins
de nécessité des riches. En les unissant aux pauvres par
un lien d'amour et de sympathie, elle leur fait ressentir
en quelque sorte les besoins mêmes des pauvres, souffrir
de leur dénûment et de leur faim. Elle crée en eux une
source de besoins qui, sans être illimitée, est pratique-

ment presque indéfinie, puisqu'elle ne se tarira que quand tous les êtres humains seront complétement pourvus du nécessaire.

En faisant participer ceux qui n'ont pas aux biens et à la fortune de ceux qui ont, elle réalise cet idéal de communauté universelle qui est le fondement des théories de l'économie classique, et par là elle lève la contradiction entre les lois de répartition et les lois de production, ces dernières ne rencontrant plus d'obstacle à leur action dans l'appropriation individuelle, dont elle a corrigé, mieux encore que ne le faisait le luxe, les conséquences fâcheuses.

II. — Mais la charité a soulevé de nos jours bien des objections. On l'a attaquée de tous les côtés, par toutes les armes, et avec une sorte de fureur que rien n'expliquerait si l'idée de la charité n'était si intimement unie à la religion, que les coups que l'on adresse à l'une portent en même temps sur l'autre. Heureusement pour nos sociétés, ces attaques sont demeurées vaines et la charité continue son œuvre réparatrice ; ce sera seulement, pour les futurs historiens du xixe siècle, un des traits particuliers de notre époque, qu'on ait été obligé de la défendre.

« A l'inégalité et au luxe qui en est la conséquence,
« dit M. de Laveleye, l'Église n'a indiqué qu'un remède,
« l'aumône et toujours l'aumône. Mais que reste-t-il à
« faire quand l'économie politique, appuyée sur les faits,
« démontre que l'aumône engendre l'oisiveté, la mendi-
« cité, l'inertie, l'abaissement des caractères, et qu'en
« dernière analyse elle est une iniquité, puisqu'elle est
« prélevée, d'une façon ou d'une autre, par la rente ou

« par l'impôt, sur ceux qui travaillent au profit de ceux
« qui ne travaillent pas (1) ? »

Qu'y a-t-il au fond de ces attaques si violentes? Remarquons tout d'abord qu'en supposant même que l'aumôme ne s'adresse jamais qu'à ceux qui ne travaillent
pas, parce qu'ils le veulent bien, et préfèrent l'oisiveté à
l'occupation qu'on leur offre, il ne serait pas juste de lui
reprocher d'être une rente prélevée sur le travail; et
cela pour deux raisons bien claires: la première, c'est
que le prélèvement n'est pas l'œuvre de l'aumône, mais
de l'appropriation individuelle et de l'inégalité des fortunes, qui met aux mains d'une classe des ressources supérieures à ses besoins; que si l'on trouve le résultat injuste, ce n'est pas à la charité, mais à la propriété
qu'il faut s'en prendre. La seconde raison est que cet
emploi du revenu ne nuit en rien à la classe ouvrière qui
retrouve dans la demande que font les malheureux secourus l'équivalent de ce qui a été dépensé en aumônes.
L'encouragement est pour les travailleurs juste égal à
celui que leur donnerait l'emploi du revenu en consommations directes; il y a seulement cette différence que
des misères ont été soulagées.

Reste l'encouragement à l'oisiveté, l'abaissement des
caractères, etc., etc... Est-on de bien bonne foi quand on
adresse à l'aumône d'une façon générale ces critiques si
aisées? Et la réponse que faisait Lamennais à ces mêmes
déclamations, il y a une cinquantaine d'années, n'est-elle
pas encore bien vraie. Il se demandait la raison véritable

____

1. *Le Luxe*, p. 77.

de toutes ces attaques et s'écriait : « Je la dirai cette rai-
« son, car il importe qu'on la sache. C'est que vos froids
« raisonnements et votre apathique philanthropie ne
« tendent qu'à détruire dans son dernier germe tout sen-
« timent d'humanité. Lorsque le christianisme s'affaiblit
« chez un peuple aussitôt on voit ce peuple embarrassé
« du malheur conspirer contre tous ceux qui souffrent.
« On invente mille prétextes pour s'exempter de les se-
« courir. Faire l'aumône à un mendiant, c'est favoriser le
« vagabondage et la fainéantise. A-t-il faim, est-il nu,
« qu'il travaille. Mais c'est un vieillard : à tout âge, il y
« a des moyens de s'occuper. C'est un enfant ; gardez-
« vous de l'entretenir dans l'oisiveté ; on ne saurait com-
« battre trop tôt les habitudes vicieuses. C'est une mère
« chargée d'une nombreuse famille ; elle le dit, mais dit-
« elle vrai ? Avant de la gratifier magnifiquement de
« quelques liards, il faudrait s'informer, on n'en a pas
« le temps. Cet autre désire du travail, en cherche et
« n'en trouve point ; c'est peut-être qu'il a mal cherché ;
« au reste on y songera. Et, en attendant, on ne donne
« point de peur du mauvais exemple. Règle générale qui-
« conque demande, dès lors est suspect ; écouter ces gens-
« là, c'est nuire au bon ordre, c'est leur nuire à eux-
« mêmes, c'est encourager la faim (1). »

La vérité est que toutes ces critiques portent à faux
parce qu'elles n'atteignent que la charité mal faite. Qu'il y
ait de faux pauvres qui vivent joyeusement de ce qu'ils
arrachent à la commisération des cœurs sensibles, ceux

_____

1. *Essai sur l'indifférence,* p. 401.

qui font la charité le savent bien, et point n'était besoin des lumières de la science économique pour montrer que leur faire l'aumôme c'est les encourager à la paresse et à l'oisiveté. « Il vient souvent, dit saint Ambroise, des mendiants valides, des vagabonds qui ne songent qu'à mettre à contribution le fonds des pauvres, et qui usent pour cela de toutes sortes de déguisements. Que les vrais pauvres ne soient pas sacrifiés à des fourbes, et si on ne peut toujours refuser à l'importunité, qu'on évite néanmoins de donner trop d'avantage à l'impudence (1). » « Ne donne pas, dit Saint Jérôme, à de faux indigents la substance du Christ qui appartient aux vrais pauvres (2). » Et le discernement des faux et des vrais pauvres parut si important à l'église primitive, que des clercs, des diacres, furent institués dans le but principal de visiter les indigents, et d'assurer, par une enquête préalable, une juste répartition des aumônes (3). Que les adversaires de la charité blâment donc l'aumône faite au hasard, le sou donné, au mendiant qui le harcèle par un passant insouciant; qu'ils disent qu'il faut donner avec discernement, et ne faire la charité qu'à ceux qui en ont besoin; ils se rencontreront en cela avec la doctrine constante de l'église. Mais vouloir de ces lacunes, de ces défaillances, de ces erreurs inévitables, car la charité, comme tout ce qui tend au bien, est chose difficile, conclure à la condamnation générale de toute charité, et, parce

1. *De off. Min.* II, 15-16.
2. Ad. Paul, Ep. 49.
3. Cpr. Ch. Périn. *De la richesse dans les sociétés chrétiennes.* Tome III, p. 350.

qu'il y a des aumônes qui s'égarent, prétendre qu'il n'y en a pas, qui tombent juste, c'est commettre à la fois une erreur et une injustice (1).

Combien plus raisonnable et plus juste est la conclusion de la belle étude que M. Maxime du Camp, consacrait tout récemment à la fausse indigence (2). Mieux que tous les économistes, il signale le péril, il montre les ruses et les déguisements si variés de la paresse et de l'oisiveté; mais comme il a grimpé dans les mansardes pour visiter les pauvres, et comme il a vu de près la pauvreté et la charité, ceux qui souffrent et ceux qui soulagent, il se garde bien de jeter l'anathème sur la charité, encore qu'il lui reconnaisse des défaillances ou des erreurs; il ne déclare pas qu'il ne faut jamais faire l'aumône, mais qu'il faut la faire avec discernement et sagesse, et il termine ainsi : « C'est dans toutes ces circonstances, et par toutes ses catégories que la population parisienne fait acte secourable. On dirait que le bien en découle comme d'une source naturelle. Si l'aumône donnée sans discernement se perd sur des individus qui en rient et en font mauvais usage, elle est clairvoyante et touche à son but même

1. Cpr. Un article de M. Fouillée intitulé : « *La philanthropie scientifique au point de vue du darwinisme* » (*Revue des Deux-Mondes* 15 septembre 1882). Dans une note M. Fouillée y condamne toutes les associations religieuses charitables, en bloc, parce que dit-il : « elles favorisent involontairement l'hypocrisie en faisant de leurs secours un moyen de propagande, et en imposant les pratiques du culte, comme condition de leurs bienfaits. » N'est-ce pas la même méthode de généralisation au moins téméraire?

2. *Revue des Deux-Mondes*, 15 janv. 1888.

lorsqu'elle s'adresse à ces grandes, à ces admirables institutions, où j'ai conduit le lecteur. Ici la charité n'a point
de défaillance, et ne dévie jamais. Elle a saisi corps à
corps la caducité, l'impotence, la débilité morale, la faiblesse physique ; elle ne recule devant aucun effort, devant aucun sacrifice pour les soutenir, les relever, et les
rendre à l'espérance ; il y a émulation entre les sectes ;
on dirait qu'elles se jalousent, et cherchent à se sur-
passer dans l'expansion de leurs bienfaits. Toutes,
selon sa foi, ses préceptes, et sa conception de la vie
future, soignent les corps dolents et parlent à l'âme
immortelle. Je n'étonnerai personne en disant que l'élévation et la ferveur des croyances, conduisent à d'ineffa-
bles grandeurs. On ne se ménage pas dans ces lieux de
sélection ; la parole est convaincue, les largesses sont
magnifiques, le don de soi-même est sans réserve (1). »

Ne pourrait-on pas faire la même réponse à ceux qui
viennent nous parler de l'abaissement des caractères,
conséquence nécessaire de l'aumône, et qui opposent aux
effets dégradants de l'aumône, l'influence moralisatrice
du travail. Oui sans doute, tout ce qu'on dit est vrai, et
l'on a cent fois raison de parler de l'influence saine
et vivifiante de la tâche volontairement accomplie.
Tout cela est vrai, si celui qui vit d'aumônes peut travailler et préfère mendier ; mais si la maladie ou le chômage l'ont réduit à l'impuissance, il est absolument faux
de dire que l'aumône le dégrade.

1. *Loco citato*, p. 336.

C'est une doctrine funeste que celle qui professe que l'aumône dégrade, funeste aux pauvres à qui elle enlève toute espérance et ne laisse, s'ils ont le malheur d'être malades ou de manquer de travail, que la perspective de mourir de faim, mais funeste aussi aux riches qui seront trop facilement portés à se décharger, sous ce prétexte commode, d'un devoir salutaire.

Combien la doctrine catholique est plus belle et plus sage, qui, après avoir distingué les faux pauvres des vrais et ouvert largement à ceux-ci le trésor de ses aumônes, ne croit pas encore avoir assez fait, si elle ne les réhabilite à leurs propres yeux, et si elle ne les élève au dessus des riches eux-mêmes.

« N'est-ce pas aux pauvres, dit Bossuet, qu'a été envoyé, le Sauveur. Dieu m'a envoyé, nous dit-il, pour annoncer l'Évangile aux pauvres. O ! pauvres que vous êtes heureux, parce qu'à vous appartient le royaume de Dieu ! Si c'est donc à eux qu'appartient le ciel, qui est le royaume de Dieu dans l'éternité, c'est à eux aussi qu'appartient l'Eglise, qui est le royaume de Dieu dans le temps.

L'Église de Jésus-Christ était une assemblée de pauvres, et, dans sa première fondation, si les riches y étaient reçus, dès l'entrée ils se dépouillaient de leurs biens et les jetaient aux pieds des apôtres, afin de venir à l'Église, qui était la ville des pauvres, avec le caractère de la pauvreté ; tant le Saint-Esprit avait résolu d'établir dans l'origine les prérogatives éminentes des pauvres, membres de Jésus-Christ !... Et de là que conclurons-nous, sinon ce qu'a conclu le même saint Jacques,

que c'est un aveuglement déplorable que de ne pas honorer les pauvres, auxquels Dieu même a fait tant d'honneur,
cette grâce de prééminence qu'il leur donne dans son
Église.

Chrétiens, rendez leur respect; honorez leur condition.
Honorez en les servant la mystérieuse conduite de la
providence divine, qui leur donne les premiers rangs
dans l'Église, avec une telle prérogative que les riches n'y
sont reçus que pour les servir (1). »

C'est là on peut le dire sans hésiter qu'est la vérité et
le salut pour les sociétés aussi bien que pour les individus.
Honorer les pauvres et relever leur condition, c'est faire
œuvre à la fois de bon chrétien et de bon citoyen. Car
la charité est dans notre état social absolument nécessaire, sans elle les états ne sauraient subsister. Nous
allons essayer de le montrer par quelques exemples :
c'est à quoi sera consacrée la fin de ce chapitre.

III. — La meilleure aumône, ont dit parfois les adversaires de la charité, c'est l'aumône du travail. Tout le
monde en convient quand le pauvre peut travailler. Mais
ce travail encore faut-il le donner ; encore faut-il que celui
qui souffre aujourd'hui de la faim, trouve aujourd'hui de
la besogne. Or, même dans les époques de prospérité,
et alors que la demande du travail peut suffire à faire
vivre la classe ouvrière, bien des causes peuvent empêcher un ouvrier de trouver effectivement une occupation ;
un chômage subit par exemple, joint à l'ignorance où

1. Sermon pour le dimanche de la Septuagésime sur l'émi-
nente dignité des pauvres dans l'Église. Cpr. tout le sermon.

sont souvent les ouvriers d'une industrie de la demande
du travail que font les autres industries. Comment faire
pour l'employer de suite, pour lui donner sur l'heure une
tâche qu'il sache ou puisse accomplir? C'est ce problème
qu'essaient de résoudre bien des sociétés de bienfaisance,
qui croient cependant par là faire l'aumône. Elles com-
binent les secours temporaires avec des besognes grossières, faciles à exécuter et n'exigeant aucun apprentissage
préalable ; seulement si la besogne est si facile, la rémunération sera bien faible. Les sociétés charitables ne croient
nullement avilir l'ouvrier, en ajoutant au salaire qu'il a
gagné effectivement un supplément, qui lui permet de
vivre jusqu'à qu'il ait trouvé une occupation plus lucrati-
ve. Et puis ne faut-il pas lui laisser quelques heures au
moins dans la journée pour chercher cet emploi lucratif;
si l'on veut qu'il travaille, encore faut-il qu'il puisse chercher du travail. C'est sur ces principes que sont fondées
beaucoup de sociétés qui dépensent des sommes considérables à faire ainsi cette aumône du travail, que certains
économistes ont prêché, comme la condamnation de l'aumône. Citons entre-autres l'Œuvre de l'Assistance par
le travail que M. Maxime du Camp a décrite dans un
article que nous avons déjà souvent cité (1) et la belle
œuvre du Patronage des libérés (2).

Voilà un cas où l'aumône semble bien inévitable d'a-
près les principes mêmes de ses adversaires, mais elle ne
paraît pas moins nécessaire lorsqu'on envisage une cer-

1. *Revue des deux Mondes*, 15 janv. 1888.
2. M. du Camp. *Revue des deux mondes*, 15 avril 1887.

taine catégorie de parias de la société, les faibles, ou vaincus du combat de la vie, et qui, en les supposant capables de travailler et occupés, en effet, ne peuvent cependant suffir à la satisfaction de leurs besoins.

« Il existera toujours à Paris (et on peut ajouter dans toute société dont l'organisation est complexe), dit M. d'Haussonville, un stock assez nombreux et difficilement réductible d'êtres humains vivant d'anxiétés, de privations, condamnés à la faim lente, et auxquels la moindre interruption dans leur travail, la moindre maladie, le moindre chômage font connaître la faim aiguë. Ce stock se compose nécessairement des moins adroits, des moins forts, de tous ceux qui apportent à leur ouvrage l'intelligence la moins développée, les bras les moins vigoureux, les doigts les moins habiles; et tous les efforts qu'ils pourraient tenter pour sortir de cet état de dénuement sont condamnés d'avance à la stérilité, par leur incapacité même (1). »

Et ce ne sont pas là des déclamations c'est le résultat d'une étude attentive de la vie, et des salaires à Paris, et c'en est la conclusion. M. d'Haussonville dresse le petit budget d'un ouvrier parisien; il arrive à un minimum de salaire nécessaire qui varie de 2 f. 75 à 4 f; il ne laisse d'ailleurs aucune place à l'épargne, ni à la prévoyance, et il fait remarquer que le chômage le plus court, la moindre maladie suffit pour renverser tous les calculs;

---

1. *Revue des deux Mondes* 15 avril 1883. *La vie et les salaires à Paris*; Cpr. du même écriv. *Le combat contre la Misère*, III. *La Coopération et la participation aux bénéfices. La Charité. Revue des deux Mondes*, 15 déc. 1885.

aussi ajoute-t-il. « L'homme dont le salaire quotidien oscille de 3 à 4 f. s'il ne vit pas habituellement dans la misère, est toujours à la veille d'y tomber. » A ces chiffres, qui ne concernent d'ailleurs que l'ouvrier célibataire, vivant seul, M. d'Haussonville compare ce que gagnent les ouvriers parisiens. Il constate (le compte est fait pour l'année 1876, mais les variations n'ont guère été depuis cette époque favorables à la classe ouvrière), que sur la population ouvrière parisienne 250,000 ouvriers des usines, manufactures, arts, etc... gagnent de 5, à 10 f. ou 15 f. et même, dans quelques cas rares, jusqu'à 30 f.

Mais à côté de cette classe qui forme environ les 3/4 de la population ouvrière parisienne, et dont le salaire peut passer pour suffisant, il y a la grande catégorie des hommes de peine, journaliers, etc.. employés à de gros ouvrages fatigants ou pénibles, mais qui n'exigent ni grande intelligence, ni apprentissage préalable ; ils sont au nombre d'environ 75.000, et leur salaire quotidien varie de 2 fr. 75 à 4 fr. ou 5 fr. Si donc 74 0/0 environ des ouvriers gagnent suffisamment il y en a au moins 22 0/0 qui gagnent seulement de 3 à 4 fr. et 4 0/0 moins de 3 fr.(1). Il y a donc, à Paris même, des ouvriers occupés et dont le salaire est réellement insuffisant ; il y en a d'autres qui ne gagnent que juste assez pour vivre avec la plus stricte économie. Qu'on réfléchisse à tous les accidents qui menacent à chaque instant l'équilibre de leur modeste budget ; qu'on pense que beaucoup de ces malheureux sont

1. *La vie et les salaires à Paris.*

peut-être mariés, et que la nourriture de leur femme et de leurs enfants double ou triple leurs besoins, et l'on comprendra de quelle nécessité absolue peuvent devenir à chaque instant pour eux l'assistance et l'aumôme. L'aumône est donc nécessaire, et, soit sous sa forme directe, soit sous une forme déguisée, comme celle de l'assistance par le travail, elle semble devoir l'être encore longtemps, sinon toujours. C'est la conclusion de M. d'Haussonville ; qu'on nous permette de citer encore ces quelques lignes :

« La conclusion à laquelle nous conduit inévitablement
« une étude attentive de la question des salaires serait
« donc la justification économique de la charité, et puis-
« que aujourd'hui la charité a besoin d'être réhabilitée,
« il n'était peut-être pas inutile de mettre en relief cette
« première conclusion, qui ne paraîtra peut-être pas très
« scientifique, mais qui, au point de vue pratique, n'en
« demeure pas moins, j'en suis convaincu, la seule et la
« vraie (1). »

Mais à côté, et au-dessus de cette classe inférieure d'ouvriers, réduits à un salaire effectivement insuffisant, ou bien près de l'être, il y a une classe plus large, puisqu'elle comprend la plupart des travailleurs employés par l'industrie. Ceux-là gagnent assez pour vivre ; et, sauf accidents imprévus, maladie un peu longue, chômage un peu prolongé, mort du chef de famille, etc., etc., ils n'ont pas besoin de l'aumône directe.

1. *La vie et les salaires à Paris.* Cpr. du même auteur. *Le combat contre la misère, Revue des deux Mondes,* 15 décemb.1885. *Ouvriers des deux mondes* (continuateurs de Le Play), tome II, n° 48. Et Batbie, *Cours d'Economie politique,* tome II, p. 198 et suiv.

Est-ce à dire qu'ils échappent à l'action de la charité ? Ce serait une erreur de le croire. Si l'on se préoccupe, et il faut le faire, d'assurer à ces ouvriers non seulement la vie quotidienne, mais une certaine sécurité pour l'avenir, si l'on essaye de les prémunir contre les causes si variées de la misère, et en particulier contre la cause la plus fréquente, la vieillesse, on s'aperçoit bien vite que leur salaire, suffisant pour assurer le présent, est absolument insuffisant pour garantir l'avenir.

Sans doute les ouvriers peuvent épargner, et en fait, il faut le constater, il y en a beaucoup qui épargnent, mais leur épargne est absolument hors de proportion, avec les besoins multiples auxquels elle devrait satisfaire. L'épargne des classes ouvrières seule ne peut résoudre le problème, et il est nécessaire que la générosité, la charité des riches y ajoute.

Nous nous bornerons sur ce point à renvoyer aux études de M. d'Haussonville « Le Combat contre la misère (1). » M. d'Haussonville analyse l'un après l'autre tous les remèdes proposés, tous les moyens employés ou tentés pour soustraire les ouvriers au spectre toujours menaçant de la misère, et il en constate tristement l'impuissance, si la charité ne les soutient et ne les féconde. L'association seule est impuissante comme remède général, l'épargne tout à fait insuffisante ; les sociétés de secours mutels n'arrivent à distribuer à leurs membres que des pensions dérisoires ; sur 14.963 pensions, dont on a pu relever les chiffres, 88 seulement sont supérieures à

1. *Revue des deux Mondes*, 15 mars, 1er juillet, et 15 déc. 1885.

300 fr. par an, 418 à 200 fr., et il y en a 12,105 qui oscillent entre le minimum de 30 fr., et le chiffre absolument insuffisant encore de 100 fr. Ces chiffres sont d'ailleurs établis pour les hommes ; s'il s'agissait des femmes, ils seraient beaucoup trop élevés. Les sociétés de coopération, malgré des effets excellents ne résolvent pas davantage la question, parce que, s'adressant presque uniquement à l'élite des ouvriers, elles laissent en dehors de leur action, les plus nombreux et les plus malheureux.

La conclusion de M. d'Haussonville c'est la charité ; « de tous les remèdes contre la misère, dit-il, le plus efficace sera toujours de donner (1). » On voit combien, dès qu'on interroge les faits, et dès qu'on quitte les théories d'école pour descendre dans la pratique des choses, la charité s'impose comme une condition nécessaire et presque fatale de l'existence des sociétés.

IV.—Parmi les formes si diverses que prend la charité pour remédier aux insuffisances de salaires, il en est un qu'il est intéressant de remarquer, parce qu'il en pourra peut-être sortir un jour un principe très général et très puissant d'action.

La charité au lieu d'ajouter à un salaire insuffisant un supplément en nature ou en argent, contribue parfois, par une action directe exercée sur le contrat de louage, à élever le taux même du salaire.

Le fait existe et peut s'observer, bien qu'il ne soit pas très fréquent, et Stuart-Mill, le remarque très bien. « Un

1 *Loco citato*, 15 déc. 1885.

grand nombre de personnes qui en ont les moyens, dit-il, paient leurs domestiques bien plus cher qu'elles ne paieraient sur le marché du travail le premier venu, tout aussi capable que leur domestique de faire le service requis. Elles agissent ainsi, non pas par ostentation, mais par des motifs plus raisonnables, soit parce qu'elles veulent être servies avec zèle, et que ceux qu'elles emploient tiennent à rester à leur service ; soit parce qu'il leur déplaît d'avoir continuellement autour d'elles et sous les yeux, des gens qui aient l'aspect et les habitudes, que donne ordinairement, une rémunération médiocre. Des sentiments semblables produisent le même effet sur les hommes d'affaires, quant à leur commis et employés. La libéralité, la générosité, le soin de sa propre considération, sont les motifs, qui agissant avec plus ou moins de force sur le patron, l'empêche de tirer avantage de la concurrence, autant qu'il le pourrait. Sans doute les motifs de cet ordre peuvent agir et agissent en effet sur les entrepreneurs, dans toutes les grandes branches de l'industrie, et l'on doit désirer qu'il en soit ainsi (1). »

C'est cette influence bienfaisante que l'on pourrait sou-

1. *Principes d'économie politique*, livre II, chap. XIV, § 7. Cpr. pour l'influence des causes morales sur le salaire. Ch. Périn, *De la richesse*, etc., etc., II, p. 14. Leroy Beaulieu, *Essai sur la répartition*, ch. XIV. Stuart Mill ajoute, il est vrai, que le fonds des salaires étant strictement limité, l'augmentation de certains salaires diminue nécessairement la part des autres ; mais il faut supposer pour cela que tout le capital qu'on peut employer en salaires, est employé en fait, ce qui n'est rien moins que certain, on l'a vu plus haut.

haiter de voir répandue et généralisée. Pourquoi une certaine libéralité des classes riches dans leurs dépenses ne corrigerait-elle pas la rigueur de la loi de l'offre et de la demande ? Il pourrait y avoir là action puissante, non-seulement pour le soulagement des misères, mais pour l'amélioration du sort des classes salariées.

L'obstacle à la généralisation de ces effets est, semble-t-il, dans la complexité des rouages sociaux, dans le nombre infini des intermédiaires qui, s'interposant entre celui qui a fabriqué le produit et celui qui l'achète, les masquent l'un à l'autre. Mais cet obstacle est-il insurmontable ? Tout d'abord il faut remarquer que dans les industries du luxe, la libéralité avec laquelle on paye le produit achevé, réagit effectivement sur le taux du salaire et amène cette élévation relative que nous avons constatée (1). Pourquoi n'en serait-il pas de même, au moins pour certaines industries assez restreintes et qui ne mettent pas plus d'intermédiaires que celles du luxe entre l'ouvrier et l'acheteur ? Mais surtout ne pourrait-on par de vastes associations comme celle qui se sont formées en Angleterre pour la protection des femmes employées par les grands magasins, exercer sur la rémunération accordée aux ouvriers d'une industrie, un contrôle sérieux, et s'assurer ainsi que la prime payée par la charité de l'acheteur ne reste pas toute entière aux mains des intermédiaires. Il y aurait là, semble-t-il, une force qui pourrait aider au relèvement de la condition des classes ouvrières.

1, Voir chap. VI.

La religion lui serait un auxiliaire puissant, en faisant
de la charité un devoir strict et en enseignant que c'est un
péché pour le chrétien de réduire à outrance le salaire de
l'ouvrier (1). Espérons que l'avenir saura généraliser
cette action, de nos jours très restreinte, et utiliser cette
force pour le soulagement du plus grand nombre.

V. — « Le Christianisme avait raison : s'écrie un des
adversaires de la charité, M. de Laveleye ; à la fin de
son étude du luxe, richesse oblige ; ceux qui disposent du
produit net du pays doivent employer leur superflu non
à raffiner les jouissances matérielles, ou à surexciter les
malsaines satisfactions de la vanité et de l'orgueil, mais à
des œuvres d'utilité générale, comme le font déjà plus
d'un citoyen américain, et plus d'un souverain européen.
L'Evangile a apporté le salut même en ce monde. Les dé-
mocraties antiques ont péri dans la corruption et dans les
guerres civiles, parce que, fondées sur l'esclavage, elles
n'ont pas su organiser la justice. La démocratie moderne
échappera à ces périls, si elle parvient à réaliser l'idéal
proposé par le Christ, et dont la Cène des premiers temps
était l'image, c'est-à-dire la vraie fraternité humaine (2). »

C'est bien en effet l'esprit de l'Evangile que cette charité surabondante, se dépensant en œuvres de toutes sortes, et reportant sur la société entière le trop plein de son
amour, et de ses bienfaits.

C'est de cette charité que sont sorties ces innombrables
fondations pieuses du moyen-âge, qui en face des pouvoirs

1. Cpr. Mounier, *de l'action du clergé*, tome III, page 25.
2. *Le luxe*, page 88.

impuissants et des sociétés en désarroi, prenaient et portaient seules le fardeau des services publics. Ce sont les fils de la charité, ces moines de tous ordres et de tous costumes, qui, dans cette période de trouble et d'angoisse qui marque la fin des sociétés anciennes, se sont lancés à l'assaut de la barbarie et de l'ignorance, et qui, convertissant les barbares, et défrichant les forêts de la Gaule ou de la Germanie, apprenant aux Saxons et aux Francs à prier et à travailler la terre, ont préparé le développement de richesse et de bien-être, dont les civilisations modernes s'enorgueillissent. C'est à la charité que nos pères ont dû tout ce qui a préparé la renaissance de la vie sociale, après les terribles secousses des invasions barbares ; c'est elle, qui multipliant les travaux utiles, routes, ponts, hospices, hôpitaux, etc., etc., hôtelleries gratuites toujours ouvertes à tous, a permis à l'agriculture de se développer, à l'industrie et au commerce de renaître. Enfin c'est à la charité et presque à elle seule que l'on doit l'instruction publique de l'ancien régime, si calomniée, et dont des études récentes, entre autres celles que M. Duruy, ont si bien mis à relief les mérites et la valeur ; c'est elle qui a ainsi préparé le développement de l'enseignement dont notre siècle est si justement fier.

Ce que la charité a fait, elle peut le faire encore, et il y a là un champ presque sans limites qui s'ouvre devant elle ; elle s'y avance résolument. Déjà de tous côtés se recommence l'œuvre interrompue brutalement par les spoliations de la Révolution. Deja hôpitaux, couvents, asiles, écoles, facultés, s'ouvrent partout pour suppléer à des besoins nouveaux et que l'État, qui succombe à sa tâche, ne peut satisfaire. Elle n'attend pour prendre un développement en harmonie avec les besoins qu'elle doit et peut soulager qu'un peu de sécurité, et la certitude que les spoliations de la veille ne seront pas encore l'histoire de demain. Malgré tous les obstacles qu'on accumule sous ses pas, elle progresse tous les jours. De tous côtés, chrétiens et indifférents, laïcs et prêtres, rivalisent d'ardeur, et pour ne citer qu'un fait, c'est par l'aumône que s'élève l'institut Pasteur, don de la charité à la France et au monde.

Dans cette œuvre la charité sera puissamment aidée par le mouvement de réaction qui s'annonce de tous côtés, contre les excès de la centralisation commencée par l'ancien régime et si bien achevée par la révolution. En face de l'Etat omnipotent, s'ingérant dans toutes les questions et accaparant toutes les forces sociales, on cherche de tous côtés des principes d'action privés pour faire équilibre à sa puissance. On les cherche en vain dans les traditions locales depuis longtemps oubliées et que le mouvement révolutionnaire a définitivement anéanties. Ne pourrait-on les trouver dans des associations de charité, dans des fondations pieuses ou athées, n'importe, mais reposant sur cette idée féconde de charité ? Par la variété et la souplesse de leur mécanisme, ces œuvres satisferaient à tous les besoins et préviendraient tous les périls. Par la limitation de leur mission et de leur but, elles éviteraient la tyrannie qui résulte trop souvent de l'action directe de l'Etat; enfin par la libre expansion de leurs forces sous le contrôle supérieur des lois, par l'ardeur, l'esprit d'initiative, de concurrence même, qui sont le propre des associations privées, elles donneraient pleine satisfaction aux aspirations les plus variées. On cherche à décentraliser : qu'on constitue des forces distinctes de l'Etat, ou plutôt qu'on renonce à combattre et à étouffer celles qui naissent d'elles-mêmes, ce sera la véritable décentralisation. On se plaint, et avec raison, du fardeau sous lequel succombent les nations modernes, de l'écrasante progression des impôts, qu'on fasse appel à la charité, ou plutôt qu'on la laisse librement se développer, et le tribut qu'elle paiera volontairement dépassera le résultat des impôts les plus productifs. Si on en doutait, qu'on se rappelle seulement qu'avant 1789 il n'y avait ni budget de l'instruction publique, ni budget de l'assistance publique. La charité y avait pourvu, tant il est vrai que la charité est la grande loi sociale, et que vouloir ici-bas s'en passer, c'est contredire, en même temps que les lois économiques, les lois essentielles des sociétés.

CONCLUSION.

La charité est en effet le fond de toute la vie sociale, et
l'harmonie est le grand besoin des sociétés. Et dans nos
sociétés, où les forces se brisent et s'émiettent sous le
souffle de l'individualisme, tous les esprits le comprennent
et tous les cœurs le sentent. Un grand mouvement pousse
les individus et les sociétés à la recherche d'un principe
supérieur de paix et de concorde.

Une des conceptions philosophiques les plus répandues
de nos jours aboutit, par la conséquence logique de ses
principes, à la lutte perpétuelle pour l'existence, et au
sacrifice nécessaire des faibles. C'est la théorie de l'évolution, qui n'est au fond que la glorification fataliste des
forces aveugles de la nature. Personne pourtant qui en
accepte franchement la conclusion sociale, et se résigne à
ne rêver d'autre avenir pour les sociétés qu'un éternel
combat sans merci et sans trêve. Tandis qu'en Angleterre
on essaye d'échapper à la rigueur de ces conséquences
en opposant au sentiment primordial de l'égoïsme, base
de tout système, les effets de ce qu'on nomme l'altruisme,
en France, un des esprits qui a le plus contribué à
donner aux théories évolutionnistes, une forme philoso-
phique; M. Fouillée donne comme fin dernière aux sociétés la suppression de la lutte et des conflits, par la
réalisation d'un certain idéal supérieur de fraternité et de
justice. Il rejette les conséquences trop rigoureuses de

l'évolution, et il proteste contre le sacrifice des faibles. « Faut-il se plaindre, s'écrie-t-il, de ce qu'un Pascal, un Spinosa ont été arrachés à la mort, dont les menaçait dès l'adolescence leur constitution débile (1) ? » Et il essaye de rétablir dans le monde, d'où l'évolution a chassé la charité, un principe de concorde et d'harmonie. Seulement il l'appelle d'un nom différent. C'est à la fraternité et à la justice, ou pour prendre ses expressions « à la justice réparative » qu'il demande le salut des sociétés.

Quelques puissent être d'ailleurs les différences philosophiques de la charité et de la justice, les effets sociaux en semblent bien identiques; la justice réparative consiste essentiellement d'après M. Fouillée à sacrifier sa propre fin et son propre bonheur à la fin et au bonheur d'autrui, ou plutôt à faire de la fin et du bonheur d'autrui, sa fin et son bonheur propres. Or c'est là aussi tout le fond de la charité. La justice, il est vrai, est un devoir strict, tandis que l'amour se surajoute au devoir strict. Mais il faut prendre garde que la justice réparative, bien qu'imposée comme devoir, n'est fortifiée d'aucune sanction sociale. C'est une loi de justice qu'aucune justice humaine ne doit appliquer, c'est un devoir auquel ne correspond aucun droit. Elle ne sera accomplie que par la libre volonté de l'individu, sans contrainte et sans contrôle. Dans ces termes, la justice réparative semble bien voisine de la charité, que le langage des Pè-

1. *La philanthropie scientifique au point de vue du darwinisme Revue des deux Mondes*, 15 septembre 1882.

2. *La fraternité et la justice réparative selon la science sociale contemporaine. Revue des deux Mondes*, 15 janv. 1880.

res de l'Eglise a souvent nommée du nom de justice. Car la charité est aussi pour le chrétien un devoir strict, écoutez Bossuet, « Mais, dites-vous, je l'ai amassé le « superflu justement, il fallait donc le dépenser de même. « Il ne suffisait pas de ne pas faire de rapines : vous avez « tué ceux que vous n'avez pas assistés. » Peut-on commander plus impérieusement. La seule différence sera donc la sanction, celle de la justice réparative ne peut-être qu'un vague sentiment de désapprobation de la conscience. La sanction de la charité chrétienne c'est la vie de l'autre monde, ce sont les peines éternelles. « C'est « donc une chose claire dit Bossuet et qui n'a pas de dif-« ficultés que le refus de l'aumône est une cause de dam-« nation (1). »

Ainsi la loi de charité n'est pas moins essentielle dans le monde des intérêts moraux que dans le monde économique. Qu'on écoute un écrivain que nous avons déjà cité souvent, et dont l'opinion sera d'autant moins suspecte qu'il a combattu les doctrines des économistes catholiques. « La charité, dit M. d'Haussonville, en terminant ses études sur le combat contre la misère, est une loi éternelle, qui paraît destinée dans le plan divin à corriger en partie les conséquences les plus rigoureuses de l'inégalité des conditions. Si à cette loi tous les hommes prêtaient obéissance, la question sociale serait pour le coup bien près d'être résolue » (2).

La solidarité et l'union voilà les éternels besoins des

1. Sermon sur l'aumône.
2. *Revue des deux Mondes*. 15 décembre 1885.

sociétés. La société moderne les ressent plus vivement qu'aucune autre. L'émiettement des forces sociales, l'individualisme rêvé par les théoriciens du XVIIIe siècle et si imprudemment imposé par les lois de la Révolution, a produit aujourd'hui toutes ses conséquences. Et on s'effraye de cet affaiblissement de l'individu et de cette omnipotence de l'état qui en est la conséquence nécessaire. De tous côtés on essaye de reconstituer des forces sociales. La charité seule peut par son principe d'amour et d'harmonie supérieurs accomplir cette rénovation.

C'est que la charité est la grande loi sociale: là où elle est oubliée, la main de l'Etat s'appesantit sur les individus pour faire régner l'ombre et l'apparence au moins de l'harmonie. C'est donc à elle qu'il faut toujours revenir dans toutes les questions sociales parce qu'elle est le principe même de la vie des sociétés.

POSITIONS

POSITIONS PRISES DANS LA THÈSE

I. — Le taux du huitième fut dès le commencement de
l'empire, le taux du *portorium* pour les marchandises de provenance étrangère.

II. — La loi Oppia *de cultu mulierum* fut une mesure
financière bien plus qu'une loi somptuaire.

III. — La loi Voconia n'a pas établi un véritable impôt
sur les successions.

IV. — Après le règne de l'empereur Tacite il n'y a plus
de lois somptuaires véritables en droit romain.

POSITIONS PRISES EN DEHORS DE LA THÈSE

DROIT ROMAIN

I. — Le père a droit au retour de la dot profectice, quand
la fille meurt *in matrimonio*, même si elle laisse
un enfant.

II. — Le père a droit au retour de la dot qu'il a constituée à sa fille, qui au jour de la dissolution du
mariage est émancipée.

III. — Sous l'empire de la Novelle 118, lorsque le *de cujus* ne laisse comme héritiers que des neveux et
des nièces le partage de la succession se fait
entre eux *in stirpes*.

IV. — Le père qui vient à la succession de son enfant,
perd, dans le droit de Justinien, l'usufruit
qu'il possédait sur ses biens adventices.

DROIT CIVIL FRANÇAIS

I. — La femme commune en bien, peut, bien qu'elle ait
accepté la communauté, faire valoir son hypo-
thèque légale sur les conquêts de communauté.

II. — Le jugement passé en force de chose jugée qui
condamne un héritier en qualité d'héritier pur
et simple, n'a d'effet qu'à l'égard du créancier
qui l'a obtenu.

III. — Le locataire d'un bail de chasse ne peut se prévaloir de l'article 1743 du Code civil vis-à-vis
de l'acquéreur du domaine dont il a loué la
chasse.

IV. — Le propriétaire d'une maison incendiée qui
prouve que le feu a pris chez un de ses locatai-
res ne peut lui réclamer que la part des dom-
mages causés par l'incendie afférente à l'appar-
tement que ce locataire occupait.

MATIÈRES DIVERSES

I. — La simple détention d'appareils contrefaits, même par un commerçant et pour les besoins de son commerce, ne constitue pas le délit de contrefaçon.

II. — L'obligation de payer le montant des actions d'une société anonyme, dont la conversion au porteur n'a pas été autorisée par l'assemblée générale, grève même le tiers acquéreur qui a revendu l'action lors de l'appel de fonds.

III. — Les jugements interlocutoires qui admettent ou rejettent un mode de preuve ont force de chose jugée quant à l'admission ou au rejet de ce mode de preuve.

IV. — La résolution du contrat d'échange n'est pas soumise au droit proportionnel d'enregistrement.

V. — Les règles de perception des droits d'enregistrement admises en matière de partage sont applicables à tout acte qui fait cesser l'indivision d'une matière définitive même vis-à-vis d'un seul des cohéritiers.

Vu par le Président de la thèse,

P. CAUWÈS

Vu par le Doyen,

E. COLMET DE SANTERRE

Vu et permis d'imprimer,

Le Vice-Recteur de l'Académie de Paris,

GRÉARD

TABLE DES MATIÈRES

DROIT ROMAIN

INTRODUCTION. 5

CHAPITRE PREMIER. — La loi des XII Tables. . . . . — 13

» II. — Les premières lois somptuaires, Caton le
Censeur. 31

» III. — La fin de la République 62

» IV. — Le Luxe et les empereurs. 82

» V. — Les impôts somptuaires. Conclusion. . . . 101

ÉCONOMIE POLITIQUE

CHAPITRE PREMIER. — Définitions et méthodes. 117

» II. — La question économique du luxe.. 137

» III. — Effets généraux du luxe 153

» IV. — Effets spéciaux du luxe sur la répartition 168

» V. — Luxe et épargne. 185

» VI. — La question sociale du luxe 200

» VII. — Le luxe et la religion catholique. 213

» VIII. — La charité 223

CONCLUSION. 246

POSITIONS. 250

Imprimerie des Écoles HENRI JOUVE, 23, Rue Racine. Paris.

Imp. des Écoles, Henri JOUVE, 23, rue Racine, Paris.